教育部人文社会科学研究青年基金项目
"以提升积极生命意义为核心的
大学生生命教育实证研究"
（项目编号：11YJC880013）

 上海大学社会学文库　　主编/张文宏

积极意义与生命教育

——理论、测量与实务

程明明 著

中国社会科学出版社

图书在版编目(CIP)数据

积极意义与生命教育:理论、测量与实务 / 程明明著. —北京:中国社会科学出版社,2015.12
ISBN 978-7-5161-7626-9

Ⅰ.①积… Ⅱ.①程… Ⅲ.①生命哲学—研究 Ⅳ.①B083

中国版本图书馆 CIP 数据核字(2016)第 032647 号

出 版 人	赵剑英
责任编辑	冯春凤
责任校对	张爱华
责任印制	张雪娇

出　版	中国社会科学出版社
社　址	北京鼓楼西大街甲 158 号
邮　编	100720
网　址	http://www.csspw.cn
发 行 部	010-84083685
门 市 部	010-84029450
经　销	新华书店及其他书店
印　刷	北京君升印刷有限公司
装　订	廊坊市广阳区广增装订厂
版　次	2015 年 12 月第 1 版
印　次	2015 年 12 月第 1 次印刷
开　本	710×1000　1/16
印　张	14
插　页	2
字　数	200 千字
定　价	46.00 元

凡购买中国社会科学出版社图书,如有质量问题请与本社营销中心联系调换
电话:010-84083683
版权所有　侵权必究

目 录

第一章 绪论 ……………………………………………… （1）
  一 研究背景与问题的提出 ………………………… （1）
  二 研究意义 ………………………………………… （4）
    （一）理论意义 ………………………………… （4）
    （二）现实意义 ………………………………… （4）
  三 研究方法与研究思路 …………………………… （5）

第二章 心理学视角下生命意义的国内外研究进展 ……… （10）
  一 生命意义的理论研究取向 ……………………… （10）
    （一）存在心理学取向——"存在就是意义" ……… （10）
    （二）动机与人格取向——"不断的自我实现" …… （12）
    （三）相对主义观点——"产生信念，获得意义" …… （13）
    （四）积极心理学视角——"意义在于积极地追
        寻" ……………………………………… （14）
  二 生命意义的测量 ………………………………… （16）
    （一）生命意义感的测量 ……………………… （16）
    （二）生命意义源的测量 ……………………… （19）
  三 生命意义未来可能的研究方向 ………………… （24）
  四 中西文化中的生命意义来源——"自我"的视角 …… （26）
    （一）文化模式——集体主义与个体主义 …… （26）
    （二）文化模式与自我 ………………………… （29）
    （三）文化、自我与生命意义源 ……………… （32）

第三章 生命意义源结构的理论模型 (34)

一 研究目的 (34)

二 研究方法 (34)

 (一) 研究对象 (34)

 (二) 研究工具 (36)

  1. 研究知情同意书 (36)

  2. 访谈提纲 (36)

  3. 效度检验表 (37)

 (三) 访谈过程 (37)

  1. 访谈准备 (37)

  2. 预备访谈 (37)

  3. 正式访谈 (38)

  4. 访谈札记 (38)

 (四) 访谈资料的整理 (38)

  1. 访谈资料誊录与整理 (38)

  2. 访谈资料分析方法 (39)

三 资料分析与结果 (40)

 (一) 资料分析过程 (40)

  1. 根据誊录的文字稿分辨与研究相关的资料 (40)

  2. 进行开放性编码 (40)

  3. 进行主轴性编码 (41)

  4. 进行选择性编码 (42)

 (二) 理论模型的确定 (43)

四 研究的信度和效度 (44)

 (一) 研究的信度 (44)

 (二) 研究的效度 (46)

五 结论与讨论 (47)

 (一) 关于资料分析的方法 (47)

 (二) 关于生命意义源的结构 (48)

（三）关于研究的伦理 …………………………………（48）
第四章　生命意义源量表的编制及信效度检验 …………（49）
　一　研究目的 ………………………………………………（49）
　二　研究方法和过程 ………………………………………（49）
　　（一）研究对象 ……………………………………………（49）
　　　1. 预备施测被试 …………………………………………（49）
　　　2. 正式施测被试 …………………………………………（49）
　　（二）研究工具 ……………………………………………（50）
　　（三）研究过程 ……………………………………………（52）
　　　1. CSMIL 条目的制定 ……………………………………（52）
　　　2. CSMIL 的预备测试 ……………………………………（52）
　　　3. CSMIL 的正式施测 ……………………………………（53）
　　　4. 资料的统计与分析方法 ………………………………（53）
　三　研究结果 ………………………………………………（54）
　　（一）初测问卷的项目分析 ………………………………（54）
　　（二）探索性因素分析以及正式问卷的形成 ……………（55）
　　（三）因素结构的验证性因素分析 ………………………（58）
　四　研究的信度和效度 ……………………………………（58）
　　（一）研究的信度 …………………………………………（58）
　　（二）研究的效度 …………………………………………（60）
　　　1. 结构效度 ………………………………………………（60）
　　　2. 校标效度 ………………………………………………（62）
　五　结论与讨论 ……………………………………………（62）
第五章　生命意义源非言语测量工具的探索 ……………（64）
　一　研究目的 ………………………………………………（64）
　二　研究方法与步骤 ………………………………………（65）
　　（一）研究对象 ……………………………………………（65）
　　（二）研究过程 ……………………………………………（65）
　　（三）研究步骤 ……………………………………………（65）

1. 确定图片内容 …………………………………（65）
　　2. 进行图片筛选 …………………………………（67）
　　3. 预备测试与图片的加工 ………………………（69）
　　4. 正式测试与效度检验 …………………………（71）
　　5. 图片的选定 ……………………………………（73）
　　6. 图片的整体设计 ………………………………（74）
　三　研究的信度 ………………………………………（74）
　四　结果与讨论 ………………………………………（76）

第六章　生命意义源（CSMIL）在中美大学生中的跨文化比较 ………………………………………（79）

　一　研究目的 …………………………………………（79）
　二　研究方法 …………………………………………（79）
　　（一）研究对象 ……………………………………（79）
　　（二）研究设计 ……………………………………（80）
　　（三）研究工具 ……………………………………（80）
　　（四）数据处理方法 ………………………………（81）
　三　研究结果 …………………………………………（82）
　　（一）中美被试在CSMIL总量表的平均数差异检验 ……………………………………………（82）
　　（二）中美被试在CSMIL5个维度上的平均分差异检验 ……………………………………………（83）
　　（三）中美被试不同性别在CSMIL5个维度上的组内差异检验 ………………………………（84）
　　（四）中美被试不同性别在CSMIL5个维度上的组间差异检验 ………………………………（86）
　四　结论与讨论 ………………………………………（88）

第七章　死亡效应凸显后生命意义源（NVMI－SML）在中美大学生中的差异 …………………（90）

　一　研究目的 …………………………………………（90）

二 研究方法 …………………………………………（90）
（一）实验对象 ………………………………………（90）
（二）实验材料 ………………………………………（91）
1. 知情同意书 ……………………………………（91）
2. MS问卷与观看电视问卷 ……………………（91）
3. 生命意义源非言语测量工具（NVMI - SML）………（92）
4. 数学题目 ………………………………………（92）
5. 大五人格问卷 …………………………………（92）
（三）实验过程 ………………………………………（92）
（四）数据处理方法 …………………………………（92）
三 研究结果 …………………………………………（93）
（一）MS后中美被试在图片A至图片K的平均分差异 …（93）
（二）MS后中美被试在生命意义源各维度平均分差异 …………………………………………（95）
（三）中美被试在实验组和对照组的平均分差异 ………（97）
四 结论与讨论 ………………………………………（98）

第八章 意义中心教育心理团体对提升大学生心理健康的效果研究 …………………………（101）
一 团体的理论背景 …………………………………（101）
二 研究方法 …………………………………………（103）
（一）研究对象 ………………………………………（103）
（二）研究过程 ………………………………………（104）
（三）测量工具 ………………………………………（104）
（四）干预方案 ………………………………………（106）
三 研究结果 …………………………………………（109）
（一）量化研究结果 …………………………………（109）
（二）质性访谈研究结果 ……………………………（112）
四 结论与讨论 ………………………………………（114）

第九章 总结 ……………………………………………（116）

一 研究结论 (116)

（一）生命意义源的结构——"中国文化凸显身心健康" (116)

（二）生命意义源的测量工具——"言语与非言语，孰是孰非？" (116)

（三）中美生命意义源的比较——"关系中心 VS 个体中心" (118)

（四）教育心理团体干预效果研究结论 (120)

二 研究的创新与不足 (121)

（一）研究的创新 (121)

（二）研究的不足 (121)

（三）后续的研究 (122)

参考文献 (123)

附录 A 生命意义源访谈知情同意书 (136)

附录 B 生命意义源半结构式访谈提纲 (137)

附录 C 生命意义源结构式访谈问卷 (138)

附录 D 生命意义源初试问卷 (142)

附录 E 中国生命意义源正式量表 (146)

附录 F 中国生命意义源量表（英文版） (149)

附录 G Rokeach 价值观量表（英文版） (152)

附录 H Rokeach 价值观量表（中文版） (153)

附录 I 关注生命指数（英文版） (154)

附录 J 关注生命指数（中文版） (156)

附录 K 简述生命意义源量表（修订版）（英文版） (158)

附录 L 简述生命意义源量表（修订版）（中文版） (160)

附录 M 跨文化研究的知情同意书（英文） (162)

附录 N 跨文化研究的事后解释（英文） (163)

附录 O 生命意义源非言语测量工具初试问卷（中国版） (164)

附录 P 生命意义源非言语测量工具初试问卷（美国版） (170)

附录Q　生命意义源非言语测量工具正式版(中国版) ……… (176)
附录R　生命意义源非言语测量工具正式版(美国版) ……… (178)
附录S　死亡效应实验数学题目 ……… (180)
附录T　死亡态度人格评估问卷（中英文版） ……… (181)
附录U　英文缩略词索引 ……… (183)
附录V　大学生意义中心教育心理团体辅导方案 ……… (185)
后记 ……… (208)

图表目录

图 1.1　北京高校自杀学生数（1997—2005）………………（ 1 ）
图 1.2　主位观与客位观的操作步骤……………………（ 6 ）
图 1.3　研究设计的路线图………………………………（ 8 ）
图 2.1　独立自我与相依自我的建构……………………（ 31 ）
图 3.1　建构生命意义源结构理论模型的研究流程………（ 35 ）
图 3.2　生命意义源的理论结构模型……………………（ 43 ）
图 4.1　碎石图…………………………………………（ 56 ）
图 4.2　CSMIL 测量结构及标准化因素载荷……………（ 59 ）
图 5.1　NVMI-SML 的编制流程图………………………（ 66 ）
图 5.2　环保……………………………………………（ 68 ）
图 5.3　快乐……………………………………………（ 68 ）
图 5.4　人民币…………………………………………（ 68 ）
图 5.5　美元……………………………………………（ 68 ）
图 5.6　笑脸……………………………………………（ 69 ）
图 5.7　休闲活动………………………………………（ 69 ）
图 5.8　小资情调………………………………………（ 70 ）
图 5.9　人与动物的和谐与陪伴…………………………（ 70 ）
图 5.10　人际关系………………………………………（ 70 ）
图 5.11　中国文化下的人际关系…………………………（ 70 ）
图 5.12　美国文化下的人际关系…………………………（ 70 ）
图 5.13　中国传统与文化………………………………（ 71 ）

图 5.14	美国传统与文化 …………………………… （71）
图 5.15	人民币 …………………………………………… （75）
图 5.16	美元 ……………………………………………… （75）
图 5.17	亲情 ……………………………………………… （77）
图 5.18	朋友 ……………………………………………… （77）
图 5.19	获得别人认可 …………………………………… （78）
图 6.1	性别与国别的交互作用 ………………………… （83）
图 7.1	MS 后生命意义源中美跨文化比较的实验流程 …… （93）
图 7.2	中国被试实验组与对照组在图片 A—K 的平均分差异 ……………………………………………… （97）
图 7.3	美国被试实验组与对照组在图片 A—K 的平均分差异 ……………………………………………… （97）
图 7.4	中国被试实验组与对照组在生命意义源各维度的平均分差异 …………………………………… （98）
图 7.5	美国被试实验组与对照组在生命意义源各维度的平均分差异 …………………………………… （98）
图 8.1	团体干预研究设计与技术线路图 ……………… （104）
图 8.2	大学生意义中心团体干预方案理论结构 ……… （106）

表 2.1	1980 年以来生命意义源的维度 ………………… （20）
表 2.2	文化模式：个体主义—集体主义的主要差别 …… （27）
表 2.3	水平/垂直的个体主义—集体主义文化的含义 …… （29）
表 2.4	独立自我建构与相依自我建构的主要不同 …… （31）
表 3.1	半结构式录音访谈被试基本资料 ……………… （35）
表 3.2	结构式问卷访谈被试基本资料 ………………… （35）
表 3.3	开放性编码过程的部分内容 …………………… （41）
表 3.4	开放性编码、主轴编码以及选择性编码的部分内容 …………………………………………………… （42）
表 3.5	生命意义源各维度含义 ………………………… （43）

表 3.6 编码者归类一致性及信度系数 …………………（45）
表 3.7 参与者检验一致性 ………………………………（47）
表 4.1 正式施测的被试人口统计学变量 ………………（50）
表 4.2 校标量表的 Cronbach α 系数 …………………（52）
表 4.3 初测问卷的项目分析 ……………………………（54）
表 4.4 初测问卷中每个题项与总分的相关 ……………（55）
表 4.5 CSMIL 的因素载荷 ………………………………（56）
表 4.6 CSMIL 各因素解释率及累计解释率 ……………（58）
表 4.7 5 因素 1 阶模型整体拟合指数 …………………（58）
表 4.8 CSMIL 信度指标 …………………………………（60）
表 4.9 CSMIL 各维度之间及维度与总量表的相关系数 ……（60）
表 4.10 CSMIL 各条目与所属维度的相关系数 ………（61）
表 4.11 CSMIL 各维度与 RVS、LRI、SOMP – R 之间的相关系数 ………………………………………（62）
表 5.1 正式施测的被试人口统计学变量 ………………（65）
表 5.2 NVMI – SML 确定的图片主题 …………………（66）
表 5.3 中美被试在图片含义上的准确率 ………………（71）
表 5.4 中美图片编号及所对应的图片内容 ……………（73）
表 5.5 NVMI – SML 对应 CSMIL 与 SOMP – R 的维度 ………（74）
表 5.6 NVMI – SML 的重测信度 ………………………（75）
表 6.1 中国被试人口统计学变量 ………………………（80）
表 6.2 美国被试人口统计学变量 ………………………（80）
表 6.3 CSMIL 的 Cronbach α 系数 ……………………（81）
表 6.4 性别与国别的方差分析 …………………………（82）
表 6.5 不同性别的中美被试的平均分差异 ……………（83）
表 6.6 中美被试在 CSMIL 5 个维度中的平均分差异 ………（84）
表 6.7 中国被试不同性别在 CSMIL 5 个维度中的平均分差异 ……………………………………………（85）
表 6.8 美国被试不同性别在 CSMIL 5 个维度中的平

图表目录　　11

　　　　　　均分差异 …………………………………………（85）
表6.9　中美男性被试在 CSMIL 5 个维度中的平均分
　　　　差异 ………………………………………………（86）
表6.10　中美女性被试在 CSMIL 5 个维度中的平均分
　　　　　差异 ………………………………………………（87）
表7.1　中美被试人口统计学变量 ……………………………（91）
表7.2　MS 后中美被试启动在图片 A 至图片 K 的平均分差
　　　　异 …………………………………………………（93）
表7.3　MS 后中美被试启动对图片 A 至图片 K 的重要程度
　　　　排序 ………………………………………………（95）
表7.4　MS 后中美被试启动在生命意义源各维度的
　　　　平均分差异 ………………………………………（96）
表7.5　MS 后中美被试启动对生命意义源各维度的
　　　　重要程度 …………………………………………（96）
表8.1　大学生中心教育心理团体干预方案 ………………（107）
表8.2　两组被试在前后测及追踪测试的描述性统计 ………（109）
表8.3　重复测量方差分析、两组被试在实验处理前后
　　　　测及追踪测试的 t 检验 …………………………（110）
表8.4　团体实验组成员对团体的满意程度（$n=34$）……（112）

第一章 绪 论

一 研究背景与问题的提出

2006年6月笔者参与了北京市教育工作委员会"北京市高校大学生自杀问题研究"的课题研究。课题研究结果令人震惊：在"过去的十二个月"里，有15.8%的大学生（包括本科生和研究生）曾经想过自杀，有5.1%的大学生曾经计划过如何去自杀，有1.6%的大学生曾经尝试过自杀，而且1997—2005年北京市高校大学生自杀死亡总数呈现上升趋势（樊富珉等，2009：175）。

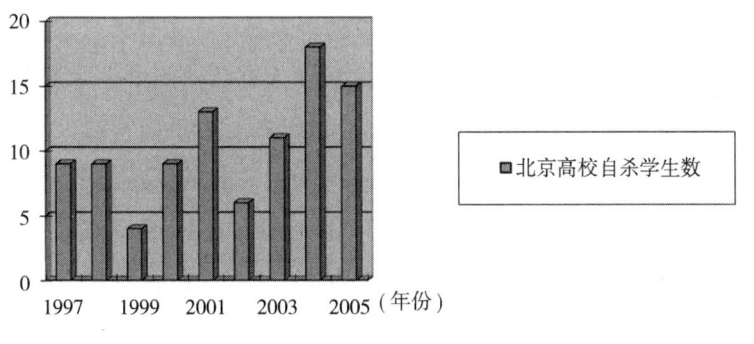

图1.1 北京高校自杀学生数（1997—2005）

震惊之余，更多的是在追问如何才能对大学生自杀开展有效的预防与干预？在诸多现有的干预方法中，对大学生进行生命教育，帮助大学生寻找积极的生命意义，是最近几年高校心理健康工作者所极力倡导的主要方法之一。这就对生命意义理论研究者提出了一系列重要的问题：生命意义从何而来？人们如何感受到生命的意义？在临床诊断中如何测量人们对生命意义的感受程度？如何进行有效的临床干预？带着这些问题，笔者开始梳理国内外心理学界研究生命意义的相关文献。令人吃惊的是，从检索的国内文献来看，对于生命意义的心理学研究刚刚起步，而国外的研究也只有半个多世纪的历史。关于生命意义的心理学研究在很长一段时期内被心理学家们所忽视，一方面，因为生命意义难以概念化；另一方面，因为它最初所指的是"人类为何存在"（What is the meaning of life?）这一形而上的哲学问题，而非心理学问题（Battista, et al., 1973）。20世纪40年代，心理治疗大师Frankl运用心理治疗的理论以"二战"时自己在纳粹集中营中经历的人生磨难为素材，写成《活出意义来》（*Man's Searching for Meaning*）（Frankl, 1962）一书。此书的诞生将生命意义从哲学领域带进了心理学研究领域，成为生命意义研究走向心理学化的一个重要的里程碑。

半个多世纪以来，生命意义的心理学研究主要集中在两个维度：生命意义源和生命意义感。生命意义源是人们在人生过程中借以获得意义的具体事件；生命意义感是人们在获得和经历他们的人生事件时对意义的感受程度。大量的研究显示，生命意义感与消极或积极的心理因素密切相关，因此，如何有效的测量生命意义感，一直是研究者们关注的重心。从20世纪六七十年代开始，研究者们不断推陈出新，研制和开发了不同功用的测量工具。迄今为止，对于生命意义感的测量的成果已有百篇，国内亦有学者编制出自我超越生命意义量表（李虹，2002，2006），相比而言，对于生命意义源的研究和测量成果却不多，而基于中国文化背景下对生命意义来源进行探讨则刚刚起步。

许多研究证明，生命意义来源具有明显的"文化印记"。Prager（1997）指出，人们在获得生命意义来源时具有文化和语言环境的敏感性。尽管对生命意义的需要是普遍存在的，然而，对意义来源的分类以及个体对其重要程度的认知则取决于个体与他所属的社会系统间的互动（Baumeister，1991）。从这个意义上讲，当意义被个人建构的时候，同时也是被社会文化所建构的，因为人们不是孤立存在的，他们拥有各自的家庭、居住在不同的社区、有着不同的种族、存在性别的差异，等等，人们从中产生了特殊的意义，对生命意义的表述也就同时存在于我们生活的社会之中。此外，社会文化进程中的诸多环境因素也传递着个体借以表达生命意义的概念。这些概念可以用来描述社会观念的形成过程，这一过程创造了建构个体意义系统的文化模式和文化概念（Dittmann - Kohli, et al., 2000）。从某种程度上来讲，个体的意义及其来源植根于社会群体和文化的价值体系中，个体所代表的不同民族将会显示出一些相异的观点和喜好，而不是代表所有的个人的意义。进而，不同的文化不仅仅在生命意义来源的结构和内容上有所不同，而且在其广度（意义来源的多样性）和深度上也不同（Reker, et al., 1988）。基于以上研究结果的启发和引导，笔者产生了探讨中国文化情境下人们获得哪些生命意义的来源以及中西文化（中美）在生命意义来源中有何差异问题的想法。

由于文化影响研究过程的每个阶段，因此，文化的敏感性研究方法应该考虑到价值、信念体系以及不同种族的行为（Bar - Tur et al., 2001）。本文研究者发现现有生命意义源的测量工具在进行跨文化测量时总是存在一定的局限性，如尽管跨文化研究者对不同文化测量工具的语言文字进行转换时"精益求精"，但总难免一定的文化偏差的影响，为了更好地控制这些无关变量，本文研究者希望探索一种简单、直观和易操作的生命意义源的测量工具——非言语测量工具，作为生命意义源跨文化研究的测量工具，这无疑是一种积极的尝试。

综上所述，基于现实问题的需要和理论探索的驱动，本书以"文化"为主线，探讨的主要问题如下：

第一，在中国文化情境中，探讨人们感知生命意义有哪些来源，并开发中国生命意义来源的测量工具；

第二，结合中美文化特征，探索测量生命意义来源的跨文化测量工具（非言语）；

第三，探索中美文化背景下大学生群体在生命意义来源中的文化差异；

第四，基于生命意义源的两套测量工具，开发一套提升积极意义为核心的大学生教育心理团体辅导方案，并进行干预效果的研究。

二 研究意义

（一）理论意义

在中国文化情境下探讨生命意义的来源，将对生命意义的中国本土心理学研究提供理论参考。中国本土心理学是植根于中国文化下的心理学，与西方心理学相比更具"中国特色"，本课题所探讨的生命意义来源立足于中国文化，以科学的心理学研究范式挖掘既与西方文化共有，又具有中国文化特有的生命意义来源。这无疑可以丰富本土心理学有关生命意义的研究成果。

生命意义源非言语测量工具的探索为跨文化测量方法提供了一个新的研究思路。对非言语测量工具的探索可以突破传统跨文化研究中仅仅使用李克特量表（Likert Scale）带来的局限性，其简单、直观、便于操作等特点避免跨文化研究中一些无关变量的产生，从而可以提高研究的效度。

（二）现实意义

半个多世纪的研究证实，生命意义的感受与心理功能密切相关；生命意义的缺失与某些精神疾病高度相关，如无意义感是慢性酒精中毒、低自尊、抑郁、自我认同危机等疾病的重要征兆（Yalom，1980），而当个体感觉生命富有意义时则会提升个体的积极情感（King，et al.，2006），如幸福感（Ho，et al.，2010）、生活满意度（Zika, et al., 1992）和希望感（Mascaro, et al., 2005）等。对生命意义究竟从何而来的探讨，将会使人们获得一种对生命历程的认知，帮助人们获得积极的意义来源、减少消极的意义，从而提高心理健康的水平。

中国文化下生命意义源测量工具以及非言语测量工具的编制与开发，可以在临床和心理咨询中用作评估和指导的工具。从 Flank (1962) 的"意义治疗"（Logo Therapy）到最近几年兴起的"意义中心治疗"等临床研究（Meaning - centered Therapy）（Wong, 2007）证明，重获意义感对于受到生命挫折及创伤的个体具有积极的治疗作用。在临床治疗和咨询过程中，对生命意义来源的评估也将有助于了解病人或来访者生命中的重要事件，从而可以对其开展有效的咨询与治疗。

跨文化心理学研究主要探讨不同文化下所形成的特定的心理特征和行为表现。本研究在编制跨文化测量工具基础上，探讨生命意义来源中的文化差异，不仅可以使不同文化中的人们增进相互理解，而且对于跨文化沟通具有重要的现实意义。

三 研究方法与研究思路

Berry（1969, 1989）曾提出跨文化研究的一种"强加式客位观—主位观—共有性客位观"模式，如图 1.2。他认为，如果在文化 A 与文化 B 进行跨文化研究，那么有以下 5 个步骤：

（1）研究文化 A 的本土文化；
（2）用文化 A 下建立起来的概念和工具去测量另一种文化；
（3）探讨文化 B 的本土文化；
（4）对比文化 A 与文化 B；
（5）找出文化 A 与文化 B 不能比较和能够比较的部分。

对中西（美国）方生命意义源的比较属于跨文化比较的范畴，因此，本研究将使用此模式对中美生命意义来源进行跨文化比较研究,首先,探讨中国本土生命意义的来源,建立中国生命意义源结构的理论模型,并编制生命意义源量表;其次,使用该量表进行中美跨文化比较;再次,使用生命意义源量表的中国版结合西方现有的生命意义来源(量表),找出两种文化共同的部分,开发用于跨文化研究的测量工具;最后,使用跨文化测量工具进行中美生命意义源的跨文化比较研究。

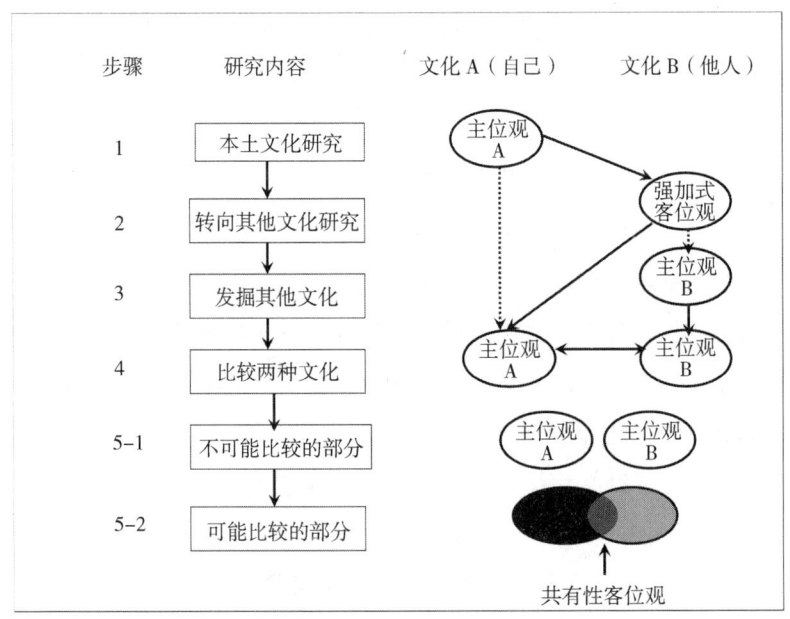

图 1.2 主位观与客位观的操作步骤

资料来源:Berry,1989

从以往的文献来看,主要有两种方法来了解人们是如何获得生命意义的来源。第一种方法是对问题"什么样的人生才是有意义的?"答案收集的基础上进行分析和编码而获得生命意义的来源(如,Ebersole, et al., 1980, 1981)。第二种方法是给被试列出他们有可能存在的生命意义的来源,然后让被试对每个来源的重要程度进行选择(如,Reker, 1996; Bar-Tur et al., 2001)。本研究使用第一种方法来获得质性研究的资料,从而形成生命意义源结构的理论模型。在理论模型的基础上,使用第二种方法来编制生命意义源的问卷。

目前,跨文化研究的测量工具主要是使用李克特量表,量表在正式使用前在不同文化间的互译过程中涉及语言的跨文化词汇差异,不同文化对同一语句翻译总是有所偏差,这样无疑增加了文化间的变异而降低了整个研究的效度。与言语信息相比,非言语信息更可能是心理活动的自然流露。根据一项心理学研究,一个信息对信息接受者的影响,其中7%是由双方使用的词汇决定的;38%是由言语线索来决定的,包括说话的语音、音量、语速以及其他语言的相关特性;其他55%的作用来源于非言语的线索,包括面部表情、手势、身体的姿态等(彭凯平等,2009:4)。彭凯平(2009:69)认为研究语言的非言语成分,在跨文化沟通中有着特别的意义,因为很多信息和意义的交换主要依靠的就是非言语的信息,而不是语言本身。

由于图片具有直观、形象和使用方便等优点,在测验中,图片成为表达非言语信息的一种常用形式。比如著名的瑞文推理测验是英国心理学家瑞文1938年设计的非文字智力测验,对于理智水平低的人群,如幼儿或智力低下者,采用瑞文彩图推理测验。瑞文测验的优点在于适用的年龄范围宽,测验对象不受文化、种族与语言的限制,并且可用于一些生理缺陷者。受此启发,本文希望借助于图片来编制用于跨文化研究的非言语测量工具。

以往的研究证实生命意义的获得与死亡态度密切相关,个体在生命意义的经历过程中可以获得积极的情感来应对死亡的恐惧(Ranst, et al., 2000)。Greenberg 等(1986,1993)基于 Becker(1973)人们对死亡具有与生俱来的恐惧这一假设提出了恐惧管理理论(Terror Management Theory,TMT),该理论认为自尊和文化世界观能够保护个体应对潜在的和对不可避免的死亡恐惧。于是,人们在这个过程中提高了维持自尊和坚信文化世界观的动机,同时也提高了对这两个心理结构抵御威胁的防御动机,从而恢复个体的意义感。TMT 理论一方面指出当死亡被唤醒时,人们对意义的寻找不仅因自尊的缓冲受到文化变异的影响，也因文化世界观不同而异。另一方面提供了一种死亡效应凸显（Mortlity Saliencce，MS）的实验范式，该范式已被大量相关研究所引用并证实（如，Simon，et al.，1997；Solomon，et al.，2004；Schmeichel，et al.，2009）。因此，本文试图使用 TMT 理论的实验范式来探讨在 MS 后，中美被试获得生命意义来源中的差异。

近年来，团体辅导已经成为学校心理健康的重要形式，为使本研究生命意义源理论结构与测量工具能够在辅导领域发挥其功效，本文尝试发展一套大学生生命教育团体辅导方案，将生命意义源理论作为辅导内容，使用本研究测量工具进行干预效果的评量，以达到提升大学生积极意义与心理健康的作用。

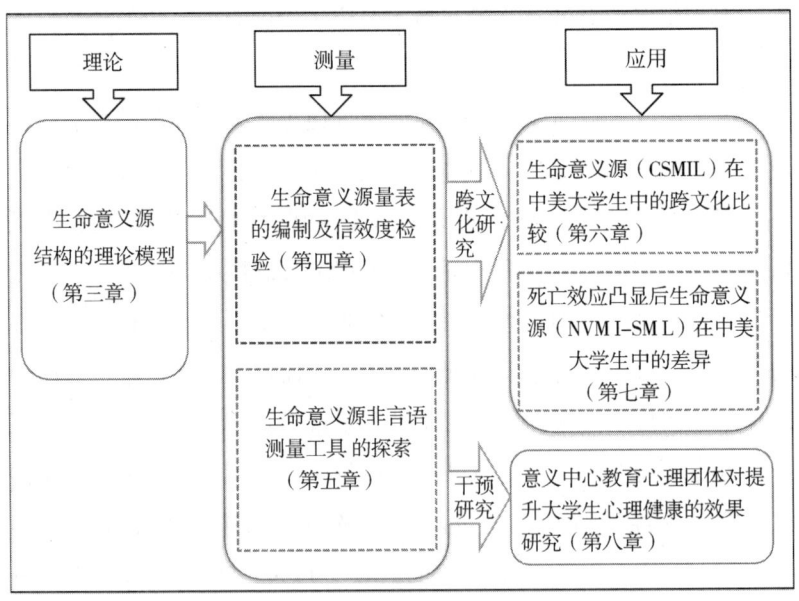

图 1.3　研究设计的路线图

综上所述，基于研究问题与研究目的出发，本文试图以质性研究的方法获得生命意义源结构的理论模型，在此基础上编制中国生命意义源量表，并进行信度和效度的检验。再以中国生命意义源量表与已有的国外（西方国家）生命意义源量表为基础，使用图片的形式开发生命意义源的非言语测量工具。进而，使用编制的中国生命意义源量表和非言语测量工具（在 MS 后）在大学生群体中进行跨文化的差异比较。最后，基于积极心理学的相关理论，以积极意义为核心，设计并实施大学生生命教育团体辅导的实验，并使用本研究开发的测量工具进行实验效果的验证。研究设计的路线图，如图 1.3。

第二章 心理学视角下生命意义的国内外研究进展

当生命意义进入心理学研究的视野时，心理学家们试图将这一概念逐渐从哲学领域中分离出来。Frankl（1962）最初提出了"自我超越的生命意义"（self-transcendence）的概念，此后"存在的意义"（existential meaning）、"个人意义"（personal meaning）、"人生目的"（purpose in life）以及"生命意义"（meaning in life）等概念陆续出现，并随即成为心理学实证研究的专门术语。与哲学上的"生命意义"（meaning of life）相比较，这些概念更强调人们经历的最重要的、个体本身的、具体的价值，是个体对人生目的或对经历的人生重要事件的价值体验。

一 生命意义的理论研究取向

基于生命意义的心理学概念，伴随着主流心理学理论的发展，生命意义理论研究的流变从传统的存在心理学取向、动机与人格取向、转向相对主义观点，再发展到最近兴起的积极心理学取向。不难看出，生命意义的理论流变承载着西方心理学从存在主义心理学到人本主义心理学再到积极心理学的历史发展脉络。

（一）存在心理学取向——"存在就是意义"

在诸多的哲学流派中，存在主义强调人的生命是"让自己经历的人生充满意义,并担负相应责任的过程"(Reker,2000)。一些心理学家站在存在主义的立场上,把存在、选择、自由、责任、焦虑等概念引入心理学研究的领域,强调人类的选择能力以及在逆境中寻找意义的能力。存在主义心理学观点将生命意义分为两个层面:

其一,生命意义是一种超越人类所能理解的规律或秩序。Yalom(1980)称之为"宇宙生命意义"(cosmic meaning),即"生命超乎于普遍存在,人类的生命体在宇宙中与其周围环境达成一种和谐"。它包含了超越个体的某些东西,比如,精神上的崇拜。Frankl(1962)和Fabry(1980)同样认为宇宙中有一种超越人类且无法被验证的规律,他们称之为生命的"终极意义",而其他一些人称之为"神"、"自然"、"生命"或"生态系统"。在这个层面上的生命意义飘忽不定、很不具体,它给人们带来的是不断追寻意义的恒久动力,但其目的地似乎永远无法到达。

其二,生命意义体现在个体拥有的人生目标和经历的人生重要事件中。Frankl(1962)认为,生命的意义因人而异、因时而变,是特定个体在特定时间里感受到的特定意义;虽然每个人都在被生命所追问,但是个体只能用自己的生命经历去回答、用责任感去回应。从这一观点出发,Frankl(1962:113)根据意义治疗的理论,提出了生命意义来源的三个方面的假设:(1)做一件事情;(2)经历有价值的事情;(3)经受痛苦。"做一件事情"是"经历有价值的事情"和"经受痛苦"完成和实现的方法。"经历有价值的事情"则是通过一些人生事件获得,比如,工作和爱情。

相对于宇宙生命意义,Yalom(1980)在这一层面提出了陆地生命意义(terrestrial meaning),即个体在实现自己的目的和目标过程中体验到生命是有意义的,表现为一种完全世俗的意义。Reker和Wong(1988)也持相同观点,他们认为生命意义一方面包括个体拥有人生的目的和向着目标奋进的动力,也包括个体对人生事件和经历的价值观的看法以及当个体提到他们所经历的重要人生事件时所隐含的意义。因此，在他们看来，生命意义是一种四维度结构的概念，包括意义经历的过程（包含认知、行为、情感的结构成分）、意义经历的内容、意义经历的多样性和意义经历的质量（Reker，2000）。O'Connor 等（1996）认为认知、行为、情感这三个结构成分相互关联并常常出现在个体经历的意义中。它们是个体在经历意义的过程中不可分割的部分。Reker（2000）还认为意义源指的是个体从不同经历中获得意义的来源，同时，也包括信念和价值观。Reker 和 Wong（1988）在总结前人对价值观和意义的研究基础上获得8种生命意义的主要来源，即：个人关系、个体成长、成功（成就）、利他（服务他人）、享乐主义、创造性、宗教和遗产。意义的广度是指个体获得意义来源不同的价值，并且，这些多样的价值来源也在不断地提升意义感。意义的深度是指个体所经历的意义的质量，个体感受意义的水平随着意义程度增强而提高。

生命意义的心理学研究始于存在主义心理学，它一度成为生命意义研究领域的主要流派。尽管 Flank 提出的"自由意志"、"责任"等概念仍活跃在当今生命意义的研究领域，但心理学理论的分化与发展使得存在主义心理学已不再是"领衔主演"。动机与人格取向、相对主义观点、积极心理学取向等理论流派对生命意义的进一步阐释，使生命意义的理论研究逐渐脱离了"哲学风格"，真正成为心理学研究的一个重要问题。

（二）动机与人格取向——"不断的自我实现"

尽管 Maslow 是人本主义心理学家，其哲学基础也来源于存在主义，但他提出的动机与人格理论推动生命意义在心理学研究领域的发展偏离了存在主义。Maslow（1954）基于人的需要层次理论提出最迫切的需要是激励个体行动的主要动力。在满足低层次的需要迈向高层次的需要这一过程中，个体获得更加丰富的生命意义。此外，Maslow（1954，1962）还发现，在需要的最高层次上，即自我实现层次，人们常常提到生命中曾有过一种"神秘"的经历和未曾体验过的幸福感，Maslow 把这种感受称之为"高峰体验"，它是通向自我实现的途径之一。因此，在 Maslow 看来，生命的意义既来自于个体需要不断满足的过程，又来自于自我实现的过程，以及经历高峰体验的过程。

Beumeister（1991）也假设人们有"活得有意义"这样的需要。他提出了个体获得意义的四种需要，即需要获得一种目的感、需要澄清自我价值观、需要培养一种效能感以及需要拥有自我价值感。生命的目的是联系当前与未来的纽带，目标和实施是实现目的的两个主要途径（内在的和外在的）；价值观是评判是非的工具，人们需要判断他们的行为是正确的，他们期望对过去和当前的行为作出评判；效能感则是个体感觉到自己对世界有一些影响力以及让自己与众不同。没有效能感，人们就会感到不悦甚至痛苦，包括紧张、习得性无助；自我价值包括自我尊重和获得他人的尊重（Beumeister，1991：56—57）。基于这四种需要，Beumeister 提出了人们要从自我认同、工作、爱和宗教中寻找意义，这是个体寻找人生意义的动机所在。如果一个人能够满足这四种需要，他会感觉到自己的生命充满着意义，反之就会产生挫折感、萎靡不振和情绪不稳等征兆。

Maddi（1970）也从动机与人格的角度对个体生命意义的追寻进行了阐述。他认为对意义的追寻主要源于个体先天本能的倾向，但后天的生活环境对其也有影响。他将人格分为"核心"和"边缘"两个水平。核心人格是个体与生俱来的，而边缘人格则是个体在先天本能和生活环境相互作用下习得的。边缘人格的理想状态——个体独特性（Individualism）会让个体拥有意义，并使个体感觉到能够有力地控制自己的命运。

（三）相对主义观点——"产生信念，获得意义"

Battista 和 Almond（1973）认为，生命意义是心理学中一个

"情理之中"的变量，而且可以通过实证的社会科学方法来对它进行研究。因此有必要将"什么是生命的意义？"（What is the meaning of life?）的哲学问题转换成"个体经历什么样的人生是有意义的？"（What are the conditions under which an individual will experience his life as meaningful?）这样一个社会科学的问题，而后一个问题能够通过社会科学的方法加以分析，从而获得对"有意义的生命"的操作定义。他们在总结宗教、存在主义、人本主义等取向对生命意义哲学的理论阐述基础上，提出了一种所谓的相对主义观点。他们强调任何信念体系（如，对神的崇拜）都能够指导人们获得生命的意义，并认为生命意义感就是个体对人生的积极关注以及对人生理想和生活目的的坚信程度。在他们看来，如果个体认为生命是有意义的，那么这表示他正在形成一些关于"生命是有意义的"信念，从这些信念中产生自己人生的目标以及让自己努力地去实现这些目标的动力，个体只有经历这样的过程才能获得一种积极的意义感。

相对主义观点从哲学对"生命意义"的阐释出发，提出了一种心理科学的分析框架。它与其他理论观点的不同之处在于个体获得积极生命意义的决定因素是信念产生的过程，而非信念本身的内容，这对发展积极的生命意义具有重要作用。

（四）积极心理学视角——"意义在于积极地追寻"

21世纪初，积极心理学作为一个新的研究领域在美国心理学界兴起。近几年来，随着积极心理学在各个领域的拓展，生命意义也进入了其研究的视野，Steger、Wong等站在生命意义积极心理学研究的前沿展开了相关理论的探讨。

Steger（2006）认为如果生命没有意义，个体便会面对一种枯燥无味、令人颓废的人生。他将生命意义定义为"个体存在的意义感和对自我重要性的感知"，并提出了生命意义的二维模型，即"拥有意义"（present of meaning）和"追寻意义"（search for meaning)。"拥有意义"是指个体对自己活得是否有意义的感受程度（强调结果）；"追寻意义"则是指个体对意义的积极寻找程度（强调过程）。Steger认为个体只有积极地寻找生命意义，才能在这个过程中获得真正的快乐与满足，也才能真正拥有"有意义的人生"。

Wong（2007，2009）将存在心理学与积极心理学理论相结合，提出了"意义管理理论"（Meaning Management Theory，MMT）。该理论阐述了管理个体产生意义的过程，这些意义与满足人们生存和快乐的基本需要相关。Wong认为意义管理的主要内容是人们的内心世界，既包括自我感受、期望、觉知、思想，又包括内心的呐喊和对秘密的渴望；意义管理的对象则是人们所有的恐惧与希望、记忆与梦魇、爱欲与憎恶、遗憾与欢庆、怀疑与信任，以及人们经历的种种意义。通过管理来发现快乐的源泉和人生的希望，从而获得一种意义感和满足感，用来应对人生的挫折、不幸和死亡。

积极心理学取向使得生命意义心理学理论研究视角从关注人们的消极心理功能逐渐转向积极心理功能。正如我们所看到的，存在主义心理学中"焦虑"、"选择"、"经历痛苦"等概念逐渐被积极心理学中的"乐观"、"积极"、"希望"等概念所替代，生命的意义的获得不再仅仅局限于抑郁、自杀、死亡等消极心理因素的相关研究，越来越多的研究者更加关注普通人的积极心理因素。与此同时，积极心理学融合其他理论产生了多样的理论分支，丰富了生命意义的理论研究。比如，积极心理学融合存在心理学理论，促使"积极存在心理学"（Wong，2009）的产生水到渠成。该理论认为如果个体想获得生命的意义，最好的方法就是关注个体自我成长的积极作用而不是消极的死亡防御。与存在主义心理学相比，该理论既强调个体"存在的意义"，又重视积极心理功能的拓展。

以上四种理论取向分别从生命存在的目的和价值、意义获得的动力、意义产生的过程等角度对生命意义进行了阐释，各述其道，莫衷一是。存在心理学取向认为生命意义在个体的某种"信仰"

中或个体经历的事件中；动机与人格取向认为意义来自于源源不断的动力与个体的需要；相对主义观点下"有意义的生命"则是在信念的产生过程中获得，积极心理学取向希望个体通过寻找和管理意义而获得积极的生命意义。几乎所有理论都围绕两个问题而来，其一，个体生命的意义所指的是什么？其二，个体生命的意义究竟从何而来？

在对四种理论的详细阐述中，还发现，对以上两个问题的解答基于两点，其一，生命意义是主动获得的一种情感和价值的体验；其二，生命的意义从个体经历过的人生事件中来。因此，本文将生命意义定义为"个体从经历过的人生事件中主动获得的一种情感和价值的体验"。生命意义源则是"个体在其人生过程中借以获得意义的具体事件"。

总之，经过半个多世纪的历程，生命意义的心理学理论研究取得了丰硕的成果和重大的进展。理论研究经过了存在心理学取向、动机与人格取向、相对主义观点、再到积极心理学取向，研究的重心从关注消极心理功能转向积极心理功能。

二　生命意义的测量

生命意义在理论研究上的争鸣给测量带来了一定难度，但正因如此，研究者们基于不同的生命意义理论取向，并借鉴其他相关心理学理论，从多种理论视角开发了不同功用的测量工具。从现有文献来看，对生命意义的实证研究主要集中在两个维度：生命意义感和生命意义源。生命意义感是指人们在经历人生事件中获得意义的感受程度，生命意义源是指人们在人生过程中借以获得意义的具体事件。研究者们主要从这两个维度开发了大量的测量工具。

（一）生命意义感的测量

大量的研究显示，生命意义感与消极的或积极的心理因素密切相关，因此，如何有效地测量生命意义感，一直是研究者们关注的重心。研究者们从20世纪60—70年代开始不断推陈出新，研制和开发出不同功用的测量工具。这些工具侧重于测量人们对生命意义的感受强度。其中生命目的量表（Purpose in Life Test，PIL）、关注生命指标（Life Regard Index，LRI）和一致感量表（Sense of Coherence，SOC）是测量生命意义感最常用的量表。

生命目的量表由Crumbaugh和Maholick（1968）发展而来。该量表基于意义治疗的基本观点，用来测量Frankl提出的"存在空虚感"和"自由意志"这两个概念。后续的研究报告了其内部一致性从0.70到0.97，建构效度和同时效度的研究也证实了该量表适合用以测量生命的意义和目的（如：Zika &Chamberlain, 1992; Steger et al., 2006）。

关注生命指标由Battista和Almond（1973）从相对主义观点发展而来，包括"人生规划"和"目标实现"两个分量表。Battista和Almond仅报告了量表的临时稳定性为0.94，但后续的研究对LRI进行了进一步信度和效度的检验，如Debats（1990）报告了两个分量表的内部一致性分别为0.79和0.80，以及整个量表的内部一致性为0.86。效度研究显示该量表与正向校标（包括幸福感、生活满意、自尊、正向情感）和负向效标（包括焦虑、敌对、抑郁、心理痛苦和消极情绪）存在相关（如Zika & Chamberlain, 1992）。

一致感量表由Antonovsky（1987）从健康和应对的理论视角发展而来，包括三个分量表（理解力、处事能力、意义感），尽管它本身不能直接测量生命意义的概念，但可以通过测量个体的控制力和自我效能测量出与意义相关的特殊世界观。有些研究者在研究中仅使用意义感分量表来测量个体生命意义感。在Antonovsky的26个研究中，整个量表的内部一致性系数从0.82到0.95，时间间隔为两年的重测信度为0.54。

使用PIL、LRI和SOC进行的相关研究基本证实了它们高度的内部一致性和稳定性。然而，在量表的开发和应用的同时，学界的相关讨论也应运而生。比如，在生命意义感的结构维度上，研究者存在不同的观点，如 PIL 是单维度结构，而 LRI 则是两维度结构。此外，一些研究者对量表本身也提出一些质疑，比如，有些研究者认为 PIL 的许多题目都是表达抑郁的感受或态度，成为了间接测量抑郁的工具，从而与测量心理健康的量表相混淆；SOC 的"意义感"分量表中有许多题目关注的是对生活的兴趣而不是意义；LRI 中"目标实现"分量表在"很大程度上是对生活的一种美好感受"（DeVogler & Ebersole；1980）。尽管如此，这三个量表自开发以来不仅被广泛应用于生命意义相关研究，而且还带动了后续量表的开发。

20 世纪 90 年代，随着生命意义在心理学研究领域的拓展，研究者们又陆续开发了许多测量生命意义感的量表，如 Reed（1991）从健康与应对角度开发了自我超越量表（Self – Transcendence Scale，STS），Reker（1992）从态度测量角度发展了生命态度量表（Life Attitude Profile – Revised，LAP – R）。进入 21 世纪后，基于临床、心理健康等不同的研究需要，研究者开发出更多的测量工具，如精神意义量表（Spiritual Meaning Scale，SMS）（Masaro, Rosen & Morey, 2004）、生命意义问卷（Meaning in Life Questionnaire，MLQ）（Steger, Frazier, Kaler & Oishi, 2006）、生命意义评估量表（The Schedule for Meaning in Life Evaluation，SMiLE）（Fegg, Kramer, L'Hoste & Borasio, 2008）、生命意义指标（Meaning in Life Index，MILI）（Francis & Hilis, 2008）以及有意义生活的测量（Meaningful Life Measure，MLM）（Morgan & Farisides, 2009）等，这些量表的开发预示着生命意义感的测量进入了一个新的大发展时期，其中 Steger 等在 2006 年开发的 MLQ 在测量内容上有新的突破，而 Morgan 和 Farisides 在 2009 年开发的 MIM 在测量方法上也有很大的改进。

Steger 等（2006）认为现有的量表存在两个问题，一是难以满足临床测量的需要；二是大部分量表都偏重于测量个体"获得的（或拥有的）生命意义感"的结果，而忽视了"对意义积极寻找"的过程。基于这两点，他们结合积极心理学理论发展了"生命意义问卷"（MLQ）。该量表包括"拥有意义"和"追寻意义"两个维度，Steger 使用 MLQ 进一步探讨了生命意义与宗教（Steger & Frazier，2005）、人格和认知风格（Steger，Kashdam，Sullivan，& Lorentz，2008）以及年龄（Steger，Oishi & Kashdan，2009）等变量的关系，并获得较好的信度和效度指标。

除了在传统的定性研究基础上获得测量工具外，有些量表的开发使用了因素分析法获得量表的条目。如 Morgan 和 Farsides（2009）发展的"有意义生活的测量"（MIM）量表，该量表的编制直接在 PIL 和 LRI 题目的基础上形成条目库，使用探索性和验证性因素分析的方法，从条目库中获得二阶 5 维度结构的量表。在此研究中，经过信效度检验，该量表具有良好的心理学测量指标。

经过半个世纪的研究和开发历程，生命意义感测量工具已发展到相对成熟的阶段。研究者们不断尝试新的测量方法，探究新的测量内容，使生命意义感的测量形成了 PIL、LRI 和 SOC - M 依旧经典，新量表百花齐放的局面。这些量表的大量开发和广泛应用又为生命意义的心理学研究拓宽了道路。尽管如此，量表在开发过程中仍存在一定的局限性。一些重要因素在量表开发过程中常常被研究者所忽视。比如，年龄和文化因素是生命意义的重要变量，因为不同年龄段、不同文化背景的被试对生命意义感知程度有所不同。此外，定量研究法是大部分研究者们开发生命意义感量表最常用的方法，在量表开发过程中，仅仅使用这种单一的方法往往会丢失一些重要的信息。

（二）生命意义源的测量

相对于生命意义感测量而言，生命意义源的实证研究起步较晚。自1980年以来对生命意义来源研究的主要文献见表2.1。从研究方法上看，从20世纪80年代开始，研究者多使用定性方法来探讨不同人群的生命意义源。进入90年代，研究者逐渐使用定量研究或定性与定量的混合研究方法陆续开发出生命意义源的测量工具。从研究内容上看，生命意义源主要集中在关系、个人发展、宗教以及服务等几个维度，研究结果显示，不同的社会——人口背景、个体发展阶段、文化和种族特征等导致了生命意义源表现的不同。

表2.1　　　　1980年以来生命意义源的维度

研究者	DeVogler &Ebersole	DeVogler &Ebersole	DeVogler &Ebersole	Ebersole &De Paola	Reker & Wong	Talyor &Ebersole
时间	1980	1981	1983	1987	1988	1993
被试	大学生	成人	青少年	老年夫妇	成人	儿童
方法	定性	定性	定性	定性	定性	定性
来源	关系	关系	关系	关系	个人关系	关系
	服务	服务	服务	服务	个体成长	活动
	成长	成长	成长	成长	成功/成就	成长
	信念	信念	信念	信念	利他/服务他人	信念
	获得	获得	获得	获得	享乐主义	获得
	存在的享乐	健康	健康	健康	创造性	上学
	表达	快乐	快乐	快乐	宗教	健康
	理解	工作	活动	活动	遗产	
			上学			
			外表			

续表

研究者	O'Connor & Chamberlain	Reker	Wong	Debats	Prager
时间	1996	1996	1998	1999	2000
被试	中年人	成人	成人	成人	成人
方法	定性	定量	定性与定量	定量	定性与定量
来源	关系	关系	关系	关系	家庭关系
	创造力	服务	实现	服务	家庭及公共价值
	个人发展	个人成就	成就	自我实现	物质的
	与自然的关系	与自然的关系	宗教	个体的幸福	获得内心的宁静与和平
	宗教与精神	宗教活动	超越	工作与事业	休闲活动
	社会与政治	社会/政治因素	接受	宗教信仰	自我发展
		个人成长	公正与公平	物质	与动物快乐相处
		创造性活动			与伙伴的关系
		物质拥有			公共意识
		享乐活动			生活满意度/自治/归属感
		人文关怀			
		经济保障			
		留下遗产			
		文化与传统			
		休闲活动			
		满足基本需要			
		怀有人类价值观和理想			

在对生命意义来源的探讨中，研究者们开发的测量工具主要有以下几个：

DeVogler 和 Ebersole（1980）最先设计了一份意义问答题（Meaning Essay Questions，MEQ）用来调查生命意义源。问卷内容分为两个部分，一部分让被试写下什么是他们目前经历的最有意义的事情；另一部分举例说明。他们使用这份问卷对青少年、大学生和成人等不同人群进行了一系列定性研究（1980，1981，1983），并报告了该问卷具有较高的内部一致性信度。他们的研究发现，"关系"、"服务"、"成长"、"信念"和"获得"是这些人群都共有的生命意义的来源，而成人有更多意义来自于"工作"，青少年则更注重"外表"。

进入90年代，研究者逐渐使用定量研究、定性与定量的混合研究陆续开发出生命意义源的定量测量工具。Reker（1996）使用定量的方法发展了生命意义源简述量表（Sources of Meaning Profile – Revised，SOMP – R）并进行了修订，该量表的建构是基于个体能够通过作出选择、采取行动、进入关系网等方式获得生命意义这一假设，共17个题目，包括自我关注、个体主义、集体主义和自我超越4个维度。量表采用7点计分方法，从1—7表示从"完全没意义"到"非常有意义"的递增程度。得分越高越能反映出被试当前获得更多生命意义的来源。该量表已被用于测试加拿大、澳大利亚以及以色列被试（Prager，1996，1997；Reker，1996），内部一致性信度从0.71—0.80，平均为0.77，三个月的重测信度为0.70。效度检验结果显示，该量表与自我超越的生命意义和个人意义感呈正相关，与抑郁呈负相关。

Prager（1997）使用SOMP量表对澳大利亚和以色列女性进行的一项跨文化研究，他们发现18—29岁的年轻女性被试除了在"自我超越"的意义来源水平上没有显著差异外，在其他三个生命意义来源的水平上都存在显著差异。因此，他们认为个体所认同的价值和意义会被固定在一定的历史文化群体中，人们在获得生命意义的来源时具有文化和语言环境的敏感性。为了弥补 SOMP 量表跨文化测量的不足，Prager 与他的研究小组（2000）用定性和定量混合的方法，基于阿拉伯和犹太以色列被试，发展了生命意义源量表（Source of Meaning in life Scale，SML），该量表包括家庭关系、家庭和社会价值观、物质观、宁静/和平、自我发展、人际关系/归属感、休闲活动、与动物相处、与伴侣的关系、公共意识以及生活满意 11 个维度。测试结果显示，SML 避免了阿拉伯和犹太以色列两种文化差异的影响。

近年来，生命意义感与生命意义源的测量呈现走向综合化的趋势。Schnell（2009）基于行动理论发展了生命意义源和生命意义问卷（The Sources of Meaning and Meaning in Life Questionnaire，SoMe）。他提出了一个所谓的"意义等级模型"，模型由 5 个由低到高的层次构成，分别是知觉、行动、目标、意义的来源和生命的意义。Schnell 认为 5 个层次是相互联系着，每个层次都能使个体获得生命的意义，但意义的获得过程则需要将目标、行动或具体事件进行整合。SoMe 由 151 个题目组成，它既包括对 26 种意义来源的测量，也提供了对意义感和意义危机感的测量。生命意义源分量表包括 4 个维度，即自我超越（包括水平的自我超越和垂直的自我超越）、自我实现、秩序、幸福及相关；意义感分量表测量个体对经历过的有意义的事情的主观感受的程度；意义危机感分量表则测量个体空虚感和受挫感而导致无意义感的程度。

由于 MEQ 难以进行统计已较少被研究者使用，而 SOMP – R 设计简单又具有良好的信效度，因而成为后续研究常用量表之一。相对于 SOMP – R，SML 发展出了更多的维度来测量生命意义的来源，但从结果不难看出，SML 有些维度似乎显得重复和繁杂，比如家庭关系、人际关系和伴侣关系三个维度都表示人们之间的关系，因此可以合并为一个维度，即关系维度。另外，SML 的被试来自阿拉伯和犹太以色列，他们的文化都有浓厚的宗教色彩，但这在量表中却未有体现。

尽管如此，对于测量"生命意义究竟从何而来"的生命意义源量表的开发，总体而言仍处在一种相对缓慢的发展时期，这些量表存在的局限性也是显而易见的。现有的测量工具主要存在以下两点不足：

第一，缺少"中国元素"。现有量表多数基于西方文化背景发展而来（SML除外），而生命意义的来源已被证实存在文化的差异，尽管SOMP‒R是国外生命意义源测量的常用量表，但该量表是只有17个题目的简述量表，许多"中国元素"的内容并不能涵盖。因此，使用国外量表来测量中国文化下的生命意义来源，难免有所疏漏。

第二，跨文化测量工具的开发存在一定局限性。SML的开发给生命意义源的测量提供了进一步研究的思路——开发多元的生命意义源量表以满足不同文化下对生命意义源的测量。尽管如此，SML却只能用于测试阿拉伯和犹太以色列人群，对于其他人群的跨文化研究则需要开发更多的测量工具。与此同时，在跨文化测量中使用李克特量表的局限性也显而易见（Chen, et al., 1995）。

综上所述，本文的研究目的是：沿着积极心理学的发展轨迹，在编制中文生命意义源量表的基础上，开发一套用于中美跨文化研究的生命意义源非言语测量工具，并使用这些工具开展跨文化和团体干预的应用研究。

三 生命意义未来可能的研究方向

生命意义的心理学理论研究和测量工具的开发如今已走过半个多世纪的历程，也都取得了丰硕的成果和重大的进展。理论研究从关注消极心理功能转向积极心理功能，不同理论的整合又带动了新的研究导向；测量工具的开发凸显与理论取向的应和，测量方法更加多样化；跨文化研究也悄然兴起，这些研究进展都将推动生命意义的应用研究。我们可以预见，生命意义的理论研究、测量方法、跨文化研究以及应用研究等将会取得更多研究进展。主要表现在：

积极心理学为生命意义的理论研究带来更为广阔的发展前景。积极心理学是一个新的研究领域。越来越多的心理学家开始涉足此领域的研究，矛头指向过去近一个世纪中占主导地位的消极心理学模式，逐渐形成一场积极心理学运动。这场运动已波及生命意义的研究，并为其提供了新的理论视角，让人们在寻找意义的过程中超越自身的不快乐、狭隘、愤怒、嫉妒、恐惧、焦虑等消极情绪，以更积极的、建设性的心态来面对生活的挑战。与此同时，积极心理学和其他理论的交叉融合将进一步拓宽生命意义的理论研究，这种发展趋势不仅仅局限于上文所述的存在积极心理学，还将扩大到更广泛的理论领域，如人格心理学与积极心理学相结合，探讨哪些积极的人格因素会让人们获得更丰富的生命意义。

生命意义的测量方法将更加多样化。生命意义的测量方法也有许多发展的空间。第一，定量与定性的混合研究将越来越被研究者们所重视和使用。混合研究以运用顺序法或并行法等资料收集方法为研究策略，以能最好地理解所研究的问题为目标，因而这种方法将为研究较为复杂的生命意义概念和生命意义的获得过程提供了一种既指向研究主旨又具有操作化的研究方法。

第二，今后的研究需要更多的纵向设计。对不同时间点上的相同人群进行重复测量的纵向设计方法可以探讨不同时间点上变量之间的关系，这将为生命意义感和生命意义源的发展阶段提供一种动态的描述，如跨年代的纵向设计和跨年龄段的纵向设计等。

第三，尽管 SML 提供了一种跨文化测量的先例，但在其应用中仍旧受文化的限制，研究者或许能够探索出更多跨文化测量的方式。由于图片具有直观和不受文化因素影响等特点，因此，使用图片开发非言语的测量工具进行生命意义的跨文化研究将是一种积极的尝试。

跨文化研究将成为生命意义心理学研究的一个重要视角。文化影响着人们认识世界的方式。跨文化研究将会成为生命意义心理学研究的一个重要视角。Steger 等（2008）根据独立性文化系统和互依性文化系统的理论，使用 MIL 量表探讨生命意义的追寻和生命意义感在美国与日本被试间的差异已是跨文化研究的经典范例。但必须承认的是，生命意义的心理学跨文化研究刚刚起步，未来的研究热点将集中探讨不同文化模式下的人们在获得生命意义的心理形成机制方面有何文化差异，以及同一文化模式下，跨年龄段、跨时代的人们在获得生命意义的来源上存在哪些差异，这些分别着眼于横向和纵向两个不同维度的跨文化研究对于人们进行跨文化沟通和理解将具有重要意义。

生命意义的心理学及其相关研究将进一步扩展其应用研究。理论研究的深入与拓展和测量工具的修订与开发推动着生命意义心理学应用研究进一步展开。未来研究将着眼于提高意义治疗在临床上的应用。最近一项研究已表明"意义中心治疗"对提升癌症患者的意义感具有良好的治疗效果（Breitbart, Rosenfield, Gibson, Pessin, Poppito et al., 2010）。然而，生命意义心理学研究的应用领域不能仅限于对心理疾病的治疗，而更应重视开展疾病的预防。因此，生命意义的心理学及其相关研究将广泛用于人们的"日常保健"，对人们进行"意义中心的教育与咨询"，让人们领悟和理解生命的意义，以积极的心态、快乐的情绪面对自己的人生，从而更加有效地预防某些心理疾病的发生。

四 中西文化中的生命意义来源
——"自我"的视角

（一）文化模式——集体主义与个体主义

Hofstede（1980）提出文化的差异主要体现在四个维度：权力距离、个人主义与集体主义、不确定性回避、男性化—女性化。其中对个人主义和集体主义的研究是 20 世纪 80 年代以来跨文化心理学研究的重要议题之一（Kagitcibasi, et al., 1989）。Triandis（1996，2001）认为如果想了解文化与社会心理现象是如何联结的，就必须分析文化变异的决定维度，而个体主义—集体主义的维度恰恰提供了这样一个分析的框架。他提出了所谓的"文化综合征"的概念（Triandis，1993），即个体共同分享态度、信念、行为模式、职责、价值以及对自我的定义，他们讲述相同的语言、生活在同一个历史时期和地理区域。个体主义—集体主义文化的综合征是最能体现文化差异的模式（Triandis，1996）。

个人主义和集体主义是决定个体行为和价值观念的两种不同的文化变量，来自个人主义文化背景下的个体较多地表现出个人主义的价值和行为，而来自集体主义文化背景下的个体则有相反的表现。Triandis等（1988）对个体主义和集体主义文化模式之间的差异进行了研究，笔者对其研究结果进行了总结，如表2.2。

从结果中不难看出，个体主义文化中，个体更看重的是个人的成就和幸福而不是所属团体的需要和目标，团体对个体的影响相对较小，个体对其所属团体也没有太多的依恋。如果团体对个体的要求过于苛刻，个体则宁愿脱离该团体并加入或者重新组建一个新的团体。因此，在个人文化中，个体对团体没有太多的承诺，个体可以同时成为多个团体的成员。尽管如此，没有哪个团体能单独对个体行为施加太多的影响。

表2.2　　文化模式：个体主义—集体主义的主要差别

个体主义文化模式	集体主义文化模式
享乐主义：关注令个人满意的目标胜过团体目标	牺牲：把团体目标置于个人目标之上
把自我与所属团体相独立	把自我看成是所属团体的延伸部分
独立自主是最重要的	关心团体是最重要的
因个人的成就而得到回报	因对团体所做的贡献而得到回报
不太服从团体规范	对明确的团体规范的高度服从
更崇尚金钱和财产	崇尚爱、地位和贡献
宁愿面对人际冲突（招致更多的法律诉讼）	宁愿隐瞒人际冲突

续表

个体主义文化模式	集体主义文化模式
更大程度地关注公共利益	关注家庭等小团体利害得失，而不是更大的公共利益
内部小集团规模较大，且很可能发生小集团内部的人际冲突	和所属团体内的成员关系非常融洽，但可能把所有其他人视为一个大的外团体成员
对团体的责任较少，个人权力较多，但从团体中得到的支持、资源和安全感较少	个体对团体所承担的责任很多，但团体会以高水平的社会支持、资源和安全感作为回报
交朋友容易，但其中多为不亲密的熟人关系	朋友不多，但朋友间的感情深厚，关系稳固持久并承载着较多责任
遵从横向的人际关系，即丈夫与妻子、朋友与朋友	遵从纵向的人际关系，即子女与父母、上级与下级

资料来源：Triandis 等，1988

与此相反，集体主义文化是这样一种文化，即生活在该文化中的个体的需求、欲望、成就都必须服从于他所属的群体或组织的需求、欲望以及目标。这被称为内部集团。这种内部集团依情况的不同而不同，可以是一个家庭、一个部落、一个村庄、一个专业组织、甚至是整个国家，这些文化中，个体大部分行为的产生取决于该行为是否有利于个体所属的更大团体的整体利益，而不是该行为是否为个体提供最大限度的个人成就。人们所归属的这种团体倾向于保持长时间的稳定，而且个体对其所属团体的承诺通常是很难改变的，甚至当一个人在团体中的地位对他人而言变得难以立足或令人不快时也是如此。个体依靠他们所在的团体来帮助他们满足自己的情绪、心理和实际需要（Triandis，1988）。

Singelis 等（1995）对个体主义与集体主义进行了进一步的划分，他们认为无论是个体主义还是集体主义都具有水平维度（强调平等）和垂直维度（强调层级）的含义。如表 2.3。

表 2.3　　水平/垂直的个体主义—集体主义文化的含义

文化的维度	含　义
水平的个体主义	人们想要独一无二和独立自主，但他们没有特别的兴趣争取卓著的成就或较高的地位
垂直的个体主义	人们试图与他人一起获得成就和地位
水平的集体主义	人们视他们自己是团体内部的一员，并强调与他人的共同目标
垂直的集体主义	人们为了团体目标而牺牲自己个人的目标，但团体内部成员彼此之间有所差异，地位有高低之分

资料来源：Singelis 等，1995

垂直的集体主义文化遵循传统主义并强调集体内凝聚力，尊敬群体内规范和权威人物的指导；水平的集体主义文化强调移情、随和性和合作；而在垂直的个体主义文化中（例如美国社会文化）存在着高度竞争；在水平的个体主义文化里（例如澳大利亚）强调的则是自信、独立于他人和唯一性。Ohbuchi 等（1999）也表示在冲突情境中，集体主义文化下，个体首先维持与他人的关系，个体主义文化下，个体则首先考虑成就评价。因此，集体主义文化的个体更愿意采用冲突情境的方法而不破坏关系，相反，个体主义文化的个体宁愿到法庭去处理纠纷。

（二）文化模式与自我

自我是一个人对自身存在的体验。它包括一个人通过经验、反省和他人的反馈，逐步加深对自身的了解。自我是一个有机的认知机构，由态度、情感、信仰和价值观等组成，贯穿个体所有经验和行动，并把个体表现出来的各种特定习惯、能力、思想、观点等组织起来（Brown，2004）。因此，对自我的认识影响到我们如何感受和评价周围的世界、周围的人以及他们与自己的关系。

不同的文化模式产生了不同的自我概念。Singh 等（1962）在对美国、中国和印度学生的研究中发现，美国人在生活的许多方面都显示出自我中心的倾向（self-centered orientation），而中国学生却显示出社会中心取向（society-centered orientation），他们能在参与团体活动中感受到快乐，并且表现出关心他人。不难看出，不同文化下，人们建构自我，他人以及自我与他人之间相互依赖的方式也不尽相同。这些建构影响着并在很多时候决定着个体本身的经验，包括认知、情感和动机。西方文化一向推崇个人主义，喜欢分析思维和主客二分思维，这样，西方人在研究自我时选取的是个体的角度，并喜欢将自我做二元的划分。如：将自我分为身体自我和精神自我、主体自我和客体自我、有意识自我和无意识自我、理想自我和现实自我等。与此不同的是，中国文化中没有明显的主客二分思维和分析思维，而是擅长整体思维和辩证思维（Peng, 1999）。中国人在认识自我时，一般未明确地将"我"视作客体我来做纯粹的事实分析，而是将"我"的身心视作一小宇宙，将"我"与周围环境视作一大宇宙，从整体上来剖析这两个宇宙及其相互关系（汪凤炎等，2004：66）。

Markus 和 Kitayama（1991，1998）从心理学和人类学理论融合的基础上对不同文化的自我建构进行进一步理论的阐释。他们将自我分为独立自我和相依自我，并认为美国文化中没有突出个体之间的关系，而是个体极力维持自己与众不同的独立性，通过对自我的关注，发掘和表达他们独一无二的内部特性，这种自我的建构属于独立自我；而中国文化下个体自我概念的建构是基于个体之间的相互关系，强调对他人的关注、对他人的接纳以及相互之间和谐的关系，则属于相依自我的建构。如图 2.1。

Markus 和 Kitayama（1991）在对理论阐释的基础上，从定义、结构、特征、行为方式等方面指出了这两种建构的主要不同。如表 2.4。

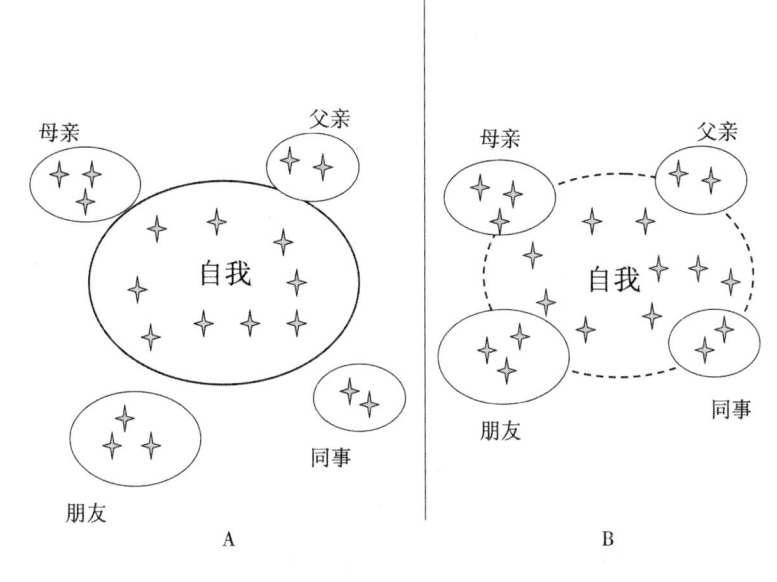

图 2.1　独立自我与相依自我的建构

A：独立自我建构；B：相依自我建构

资料来源：Markus & Kitayama，1991

表 2.4　独立自我建构与相依自我建构的主要不同

特点比较	独　立	相　依
定义	与社会情境分离	与社会情境关联
结构	有界限、单一的、稳定的	灵活的、变化的
重要特征	内在的、隐私的 （能力、想法、感情）	外向的、公开的 （地位、角色、关系）
行为	成为独特的个体 表达自我 实现内在个体特性 提高自我目标 直接地："说出他人的想法"	从属、相互融洽 获得一个合适的位置 提高他人的目标 间接地："读懂他人想法"
他人的角色	自我评估：他人的重要性在于作为社会比较和反映评价	自我界定：在特定的环境下与他人的关系中定义自我

续表

特点比较	独 立	相 依
自尊的要素*	有表达自我的能力、有效的个体内在属性	适应能力强、约束自己、与社会情境保持和谐

* 自尊（self-esteem）可能主要是西方文化的一种现象，自尊的概念或许应该由自我满意替代，或者由一个术语替代，这个术语反映一个人在实现文化强制的任务。

资料来源：Markus & Kitayama, 1991

（三）文化、自我与生命意义源

生命意义源是人们在其人生经历中的心理健康的一个重要变量。Kaufman（1986）认为生命意义源是个体可以从生活中获得意义的部分。这些来源来自于个体的过去和现在，并且因文化的不同而存在变异。文化影响着人们认识世界的方式。如果将意义看作是一个整体，文化与社会则将意义切割成碎片并投掷给个体，让它自己去选择，创造出新的意义（Baumeister, 1991）。因而，对意义的建构不仅仅是个体自己完成的，也是文化对个体社会化过程影响的结果。

价值是文化的中心因素（Schwartz, 1992），它的功能是指导人们的生活。生命意义的来源，是人们在生命中经历过或拥有的重要的、有价值的事件，个体视他们的生命意义通常来自于他们自己特有的文化价值和人生经历。因此，生命意义的来源也自然而然成为文化的中心因素。在不同的文化模式下，人们显示出不同的人生价值观和对他们人生的看法，以及经历不同的人生事件。

从这两种不同文化对自我的建构中不难看出，在个体主义文化模式下，独立自我的建构中，个体是独立的，个体内部的需要和潜能的实现是个体最重要的，他人的评价和人际关系对个体来说并非是第一位。相反，在集体主义文化模式下，相依自我的建构则促使个体将行动指向自我与他人的关系，个体更注重他人对自己的评价，由于对于集体主义文化下的个体来说，最重要的是和睦的人际关系和自我在群体中所处的地位，因此，个体必须要了解他人，知晓个体所处的社会环境和人际关系（叶浩生，2004）。

综上所述，无论是个体主义文化下独立自我建构，还是集体主义文化下相依自我建构，都决定着个体在各自文化模式下的行为和认同的价值观。而这些行为和价值观则是不同文化下个体所寻找的生命意义的来源。因而，本文提出西方文化中（美国）的个体将会建构"个体中心"的生命意义来源，而中国文化下的个体则会建构"关系中心"的生命意义来源这一假设。

第三章 生命意义源结构的理论模型

一 研究目的

通过质性访谈和结构式问卷的方法,在整理、分析、归纳调查资料的基础上,提取出生命意义的主要来源维度,建构生命意义源结构的理论模型。

二 研究方法

访谈是获得信息反馈最简单也是最古老的方法。本研究采用质性研究的方法,在访谈的基础上,对获得的资料进行誊录和编码,从而形成生命意义来源的理论假设模型。研究分四个阶段进行,包括研究的准备阶段、访谈阶段、资料处理与分析阶段和获得研究结果阶段。具体研究流程如图3.1。

(一) 研究对象

本研究采用半结构式录音访谈与结构式问卷访谈相结合的方法,在半结构式录音访谈部分选取8名被试,结构式问卷访谈部分发放问卷40份,两部分被试均兼顾年龄、性别以及职业等因素,被试具体情况如表3.1和表3.2。

第三章 生命意义源结构的理论模型

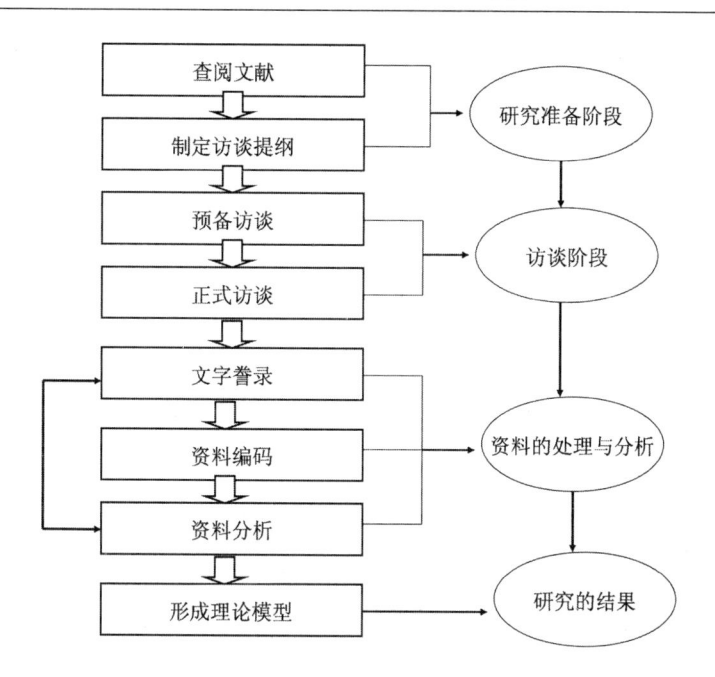

图 3.1 建构生命意义源结构理论模型的研究流程

表 3.1　　　　半结构式录音访谈被试基本资料

被试编号	性别	年龄	职业
I1	女	24	硕士一年级学生
I2	男	21	大学二年级学生
I3	男	30	在读博士研究生
I4	女	31	公务员
I5	女	42	私营企业管理者
I6	男	62	退休干部
I7	女	55	退休干部
I8	女	82	退休小学教师

表 3.2　　　　结构式问卷访谈被试基本资料

性别		是否有宗教信仰		职业	年龄
男	女	是	否		
19	21	5	35	学生 23	19—42 岁

续表

性别		是否有宗教信仰		职 业	年 龄
男	女	是	否		
				公务员 6	
				公司职员 8	
				其他 3	

(二) 研究工具

研究工具包括知情同意书、访谈提纲、访谈问卷、效度检验表以及访谈誊录的录音资料。誊录的录音资料使用 QSR-Nvivo7.0 做辅助分析，编码与评分结果导入 Excel 中进行数据管理与分析。

1. 研究知情同意书

由于本研究访谈的主要问题可能会涉及被访谈者的人生创伤或关键性的事件，鉴于研究的伦理，在邀请被访谈者的同时，向其介绍本研究的目的和研究程序，特别强调在整个访谈过程中要全程录音，以便后续的资料分析，并保证对被访谈者的隐私进行保密。如附录 A。

2. 访谈提纲

访谈提纲的制定分为录音访谈与结构式问卷访谈两个部分进行。

录音访谈提纲（如附录 B）主要采取半结构式，目的是为了协助研究者熟悉访谈程序和访谈内容，保证访谈的一致性和有效性。访谈提纲只是给出了研究的大致方向，在具体访谈过程中，并非按照访谈的内容与问题顺序进行，而是留给被访谈者足够的时间和余地选择谈话的方向和内容，以保证访谈内容的充实，获得更多的研究信息。

为弥补录音访谈的被试者在回答问题时出现随意性这一缺陷，同时为了获得饱和的研究信息，本研究还设计了结构式问卷访谈。在结构式问卷访谈的指导语中，本书研究者告知被访谈者本研究目的和意义,要求被访谈者匿名答题,并保证对所有资料进行保密。如附录 C。

3. 效度检验表

效度检验表是用来了解被访谈者的个人意愿是否被研究者曲解。检验的内容主要是录音访谈的逐字稿以及问卷访谈资料的文字稿。本书研究者在文字誊录完毕后,请被访谈者针对内容检验是否与其表达的意思相一致,并填写回馈意见。

(三) 访谈过程

访谈的过程包括访谈的准备、预备访谈、正式访谈、撰写访谈札记等步骤。

1. 访谈准备

本书研究者对与生命意义及生命意义源相关的文献进行了研读和梳理,在此基础上,根据本研究对生命意义源的定义,拟编了访谈提纲、访谈问卷及知情同意书。为了增强研究的效度,同时表示对被访谈者的感谢,在录音访谈和问卷访谈之前给每位被访谈者发放价值 10 元的清华大学纪念礼品一份。

为了使录音访谈达到预期的效果,本书研究者在访谈之前先与被访谈者进行诚恳的交流和沟通,并向被访谈者说明他们有权在任何时候终止访谈。在获得双方完全信任的基础上,说明访谈的目的、访谈进行的方式以及访谈资料的处理,让被访谈者充分了解本研究的背景,并愿意与研究者配合进行访谈。

2. 预备访谈

为了增加研究的信度,在正式访谈之前进行了预备访谈,主要目的是熟悉访谈过程、资料收集的方法以及数据编码的方法。根据预备访谈收集资料过程的情况,及时调整访谈提纲中被访谈者不能理解的内容和表述,并剔除研究者访谈中不合适的回馈。

本书研究者招募了 3 名大学生进行了预备录音访谈,然后请两位同行博士生对研究访谈过程的录音进行指导和分析。与此同时,招募了 5 名大学生进行结构式问卷访谈,再将这两部分的文字稿进行编码,并讨论编码程序、提出修改意见和阐明正式访谈中需要注意的问题。

3. 正式访谈

录音访谈:访谈时间和访谈地点由被访谈者选择。在访谈过程中,研究者不轻易打断对方,并容许被访谈者一定时间内的沉默,给其思考的空间。在被访谈者讲述过程中,研究者表现出认可和鼓励的目光,并对被访谈者讲述内容采取进行重复、重组和总结等策略。在访谈接近尾声时,研究者以一种轻松自然的方式结束(暗示),并表达对被访谈者的真诚感谢。

结构式问卷访谈:本书研究者向被访谈者统一发放问卷,为获得充足的访谈信息,不规定问卷回答的时间,等待被访谈者答卷完毕后,统一收齐。由于在答卷之前,已经向被访谈者讲述研究的保密性,因此,在每位被访谈者答卷完毕后发放一个牛皮纸信封,让他们将答卷放入信封内,用订书机装订好再交给研究者。

4. 访谈札记

本书研究者使用访谈札记来记录被访谈者的基本资料、访谈过程中的重要事件以及访谈的心得,为后续资料的分析提供可参考的依据。在录音访谈过程中,由于担心被访谈者的心理压力,除了特别重要的内容,研究者没有进行任何笔录。在结束每一次录音访谈后,研究者立即以访谈日记的形式撰写访谈札记来记录录音访谈过程中研究者的感受、被访谈者出现的情绪,访谈过程出现的问题以及对后续研究的改进与启发等。

(四)访谈资料的整理

1. 访谈资料誊录与整理

将访谈获得的录音资料全部逐字誊录入 Word 文档中,誊录工作全部由研究者本人完成。每位访谈者的访谈时间在 40—50 分钟内。誊录字数共 8 万字左右。誊录的信度由研究者反复听录音复查、校对，以及请1位同行博士生对誊录内容进行文字审阅。

结构式访谈问卷部分先将一些无效问卷剔除、进行被试编码后，再由研究者本人全部录入 Word 文档中。该问卷的答题时间在30分钟左右，录入的字数共5万字左右。在核对这两部分访谈誊录和整理的文字稿无误后，再将这部分内容导入 Nvivo7.0 中，进行资料的分析。

2. 访谈资料分析方法

在理论的形成方面，Glaser 和 Strauss（1999）的扎根理论（grounded theory）提供了分析、描述及分类的方向。因此，在对访谈资料进行分析中，本研究采用了近年来为多数性质研究者广泛认可的"扎根理论"的方法。

扎根理论的主要宗旨是从经验资料的基础上建立理论（Strauss，1987：5）。研究者在研究开始之前一般没有理论假设，直接从实际观察入手，从原始资料中归纳出经验概括，然后上升到理论。这是一种从下往上建立实质理论的方法，即在系统收集资料的基础上寻找反映社会现象的核心概念，然后通过这些概念之间的联系建构相关的社会理论。

扎根理论的操作程序概括起来有以下5个步骤（陈向明，2008）：（1）从资料中产生概念，对资料进行逐级登录；（2）不断地对资料和概念进行比较，系统地询问与概念有关的生成性理论问题；（3）发展理论性概念，建立概念和概念之间的联系；（4）理论性抽样，系统地对资料进行编码；（5）建构理论，力求获得理论概念的密度、变异度和高度的整合性。对资料进行逐级编码是扎根理论中最重要的一环，其中包括三个级别的编码，即开放性编码、主轴编码和选择性编码。开放性编码中研究者要以一种开放的心态，尽量"悬置"个人的"偏见"和研究界的"定见"，将所有的资料按其本身所呈现的状态进行登录。这是一个将收集的资料打散，赋予概念，然后再以新的方式重新组合起来的操作化过程。在这个阶段研究者应该遵守的一个重要原则是：既什么都相信，又什么都不相信（Strauss，1987：29）。主轴编码的主要任务是发现和建立概念类属之间的各种联系，以表现资料中各个部分之间的有机关联。选择性编码是在所有已发现的概念类属中经过系统的分析以后选择一个"核心类属"，分析不断地集中到那些与核心类属有关的码号上面。核心类属必须在与其他类属的比较中一再被证明具有统领性，能够将最大多数的研究结果囊括在一个比较宽泛的理论范围之内。

三　资料分析与结果

（一）资料分析过程

资料的分析过程是根据上述扎根理论的编码程序依次进行。

1. 根据誊录的文字稿分辨与研究相关的资料

研究者使用 Nvivo7.0 编码软件，将文字稿中与"生命意义来源"这一主题相关的叙述摘录出来，如："能够获得一定的财富保证自己感觉满意的生活水平"、"能够不断实现目标"等，以此方式共获得418句与生命意义源相关的叙述句，作为后续资料分析的基础。

2. 进行开放性编码

开放性编码是对文字材料中的所有资料进行分析，从中发现并界定资料中所隐含的概念及其属性的分析历程。研究中把资料分解成个别独立的事例、想法、事件或行动，然后赋予一个名称来代表，当用它在资料脉络中进行比较检验时，借由该命名唤起意义。

本研究通过对叙述句进行截取、合并和初步概括获得意义单元。截取是从被访谈者的原句中直接摘录。例如从"能够在有限的人生中享受自己的家庭，并拥有亲密的朋友圈子，从而使得时间不再显得漫长"一句中截取"享受自己的家庭"、"拥有亲密的朋友圈子"。合并的目的是进一步将资料概念化，例如："让我女儿以后有一个美好的生活"与"让自己的儿子以后有一个美好的生活"、"自己的孩子健康、聪明、活泼"这几句可以合并为表达对子女的期盼。

通过以上方法,研究者从 418 句与"生命意义源"这一主题相关的叙述句中获得 167 个意义单元,进一步进行归纳,最后生成 79 个概念含义,形成了开放性编码。表 3.3 为开放性编码过程的部分内容。

表 3.3　　　　　　　开放性编码过程的部分内容

访谈誊录的文字	开放性编码
当一个朋友遇到难处,大家坐在一起出谋划策	帮助朋友
让我女儿以后有一个美好的生活	对子女的期盼
能像自己想象的那么有钱	富足的生活
每天能哈哈笑上一会儿	开心、快乐
经常和父母拉拉家常	孝敬父母
参加工作,并且一直以积极的心态对待自己的工作	努力工作
……转型成了一名秘书,整天跟文字打交道,而且得到了领导的表扬	得到领导的表扬
每个阶段都有明确的目标,并为之努力,然后,再定一个目标	经过努力,达到目标
尽力教育后代,满意地看着他们茁壮成长	教育后代

3. 进行主轴性编码

主轴编码是关联类别与次类别之间的连接过程。通过找出类别间的因果关系,可以建立理论架构将类似的概念命名进一步归纳为概念类别。因为编码围绕某一类别进行,并在概念层面上连接各个类别,因此称为"主轴"(Strauss, et al., 1997)。本研究进行主轴性编码的具体操作步骤是:首先,列出上述开放性编码得到的与生命意义源相关的含义;其次,从访谈资料中发现生命意义源实际的、具体的内容,从而发现与生命意义源关联及重复的成分;再次,将可以概括的部分用上一级的概念将它们关联起来,形成上一级类别；最后，在上一级类别的基础上，进一步区分不同类别的生命意义来源。

4. 进行选择性编码

选择性编码在于找到核心主题，先选择一核心类目，也就是所有其他类目以之为中心所结合的中心现象，将它有系统地和其他类目联系，验证其中的关系，再把概念化尚未发展全备的范畴补充齐全的过程。简而言之，选择性编码是把那些在性质上具有概念相似性或是意义关联性的命名，以更抽象的概念加以类聚。首先，在归纳的过程中，本研究尽量使用性质类似的概念命名合并为同一概念类别，从而独立于其他概念类别。其次，本研究从关联的意义以及区分的意义上实现对不同生命意义的来源的具体描述，从而界定每个编码主题。最后，在选择性编码完成后，本研究得到了社会关注、自我成长、关系和谐、生活享受、身心健康5个生命意义的主要来源，如表3.4。

表3.4　开放性编码、主轴编码以及选择性编码的部分内容

开放性编码	主轴编码	选择性编码
做志愿者	帮助他人	社会关注
帮助朋友	帮助别人	社会关注
经过努力达到目标	达到一定的目标	自我成长
考上大学，使自己有机会选择	获得受教育机会	自我成长
对子女的期盼	养育子女	关系和谐
交往一些知心的朋友	有亲密和知心的朋友	关系和谐
富足的生活	有富裕的物质享受	生活享受
得到领导的表扬	获得他人的认可	生活享受
拥有健康的体魄	有健康的身体	身心健康
每天都开心、快乐	有快乐的心情	身心健康

(二) 理论模型的确定

在对誊录文字编码结束后,再回到文字中,对照选择性编码得到的社会关注、自我成长、关系和谐、生活享受、身心健康5个生命意义源的维度,在文本中寻找每个受访者对这5个概念的描述,确定其含义。如表3.5。

表3.5　　　　　　　　生命意义源各维度含义

生命意义源维度	含　义
社会关注	个体乐于奉献自己,关注和尊重他人,希望获得社会的公平
自我成长	个体能够获得成长的动力和资源,并努力实现人生的目标和理想
关系和谐	个体的亲情、友情和爱情以及人际关系的和谐
生活享受	个体有充足的经济物质基础和获得精神上的满足
身心健康	个体拥有健康的身体和快乐的心态

通过对以上定性研究资料的分析,本书获得5个维度的生命意义源的理论结构模型,如图3.2。

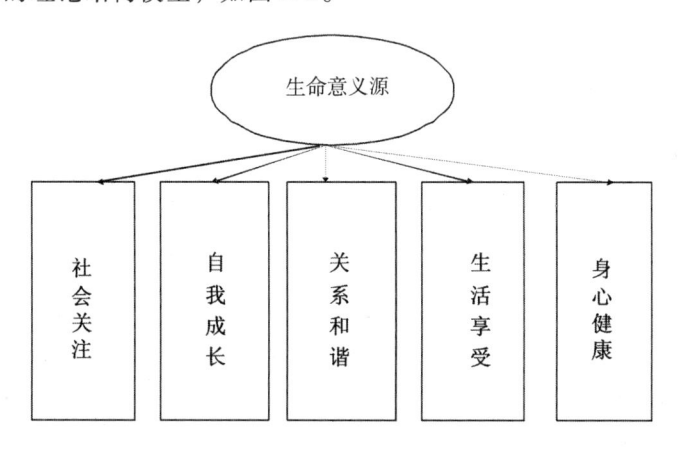

图3.2　生命意义源的理论结构模型

四 研究的信度和效度

（一）研究的信度

质性研究信度是指不同参与者透过互动、数据搜集、记录与分析，使其研究结果可信。为提高本研究的可靠性，降低研究者对研究过程的主观偏见，在正式进行资料分析前，研究者请1位同行博士生作为协同编码者，与研究者同时进行编码工作。具体操作步骤如下：

首先，研究者向协同编码者说明研究的目的、编码方法以及关键词的定义，并请协同编码者阅读生命意义源的重要文献；其次，研究者随机选取3份被访谈者的文字资料，分别由研究者和协同编码者进行编码工作，然后，两人对编码不一致处进行讨论，逐步理清编码的差异及词语的内涵，达成统一的编码原则；最后，研究者与协同编码者分别同时进行编码工作，编码完成后计算两位编码者的评分者信度。

两个编码者按照对相同文本材料独立编码，结果的一致性程度是编码结果可靠性、客观性的重要指标。本研究主要提供归类一致性（Category Agreement，CA）和编码信度系数，确立问卷编码的信度指标。

归类一致性系数具体计算方法如下：

两个评分者对相同材料的文本资料分别进行编码，其归类个数分别为T1、T2，归类结果中相同的个数（S）占总个数（T1+T2）的百分比表示编码的归类一致性。公式为：CA = 2S/（T1+T2）。董奇（1992：398）基于编码一致性提供了编码信度系数（R）的计算方式如下：

R（信度）= n × 平均相互同意度/ 1 + （n - 1）× 平均相互同意度

以上公式中，平均相互同意度 = 归类一致性（CA），n 为编码者个数。

利用上述公式对研究者与协同编码者对 8 位录音访谈和随机收取的 8 名问卷访谈的被访谈者的文字资料进行归类一致性及编码信度系数的计算，结果如表 3.6。

表 3.6　　　　　编码者归类一致性及信度系数

被试编号	T1	T2	S	CA	R
S1	38	28	21	0.64	0.78
S2	41	29	28	0.80	0.88
S3	33	47	26	0.65	0.79
S4	39	46	34	0.80	0.88
S5	24	25	19	0.77	0.87
S6	41	58	37	0.75	0.86
S7	33	51	23	0.55	0.71
S8	39	47	33	0.77	0.87
S9	48	38	31	0.72	0.84
S10	18	21	15	0.77	0.87
S11	37	50	38	0.87	0.93
S12	31	34	25	0.77	0.87
S13	51	47	39	0.80	0.88
S14	38	46	34	0.81	0.90
S15	41	59	32	0.64	0.78
S16	38	45	33	0.80	0.89
16 名被试	590	671	468	0.74	0.85

从表 3.6 中可以看出，归类一致性的值从 0.67 到 0.89，总的归类一致性为 0.77。编码信度系数从 0.71 到 0.93，总体编码系数为 0.85。因为归类一致性是对编码信度最严格的要求，不仅要求出处一致，而且还要求等级相同（徐建平：2005）。与以往的研究相比较本研究的信度可以接受。

(二) 研究的效度

质性研究的效度不同于量化研究的效度，质性研究中的"效度"是用来评价研究报告与实际研究的相符程度，而不是像量化研究那样对研究方法本身的评估（陈向明，2008：532）。质性研究强调研究应该具有真实性、应用性、一致性和中立性。真实性是研究者收集的资料的真实程度；应用性是指研究收集的资料对于被研究对象的感受与经验的有效呈现；一致性是研究者如何运用有效的资料收集方式收集可靠资料；中立性是指重建研究伦理，从研究过程中获得值得信赖的资料。

本研究采用质性研究常用的相关检验法、反馈法、参与者检验法来维持研究的效度（陈向明，2008）。

第一，相关检验法。这种方法是将同一结论用不同的方法，在不同的情景和时间里，对样本中不同的人进行检验，目的是通过尽可能多的方法对已经建立起来的结论进行检验，以求获得结论的最大真实度（陈向明，2008：549）。本书研究者在收集资料时，使用了录音访谈和结构式问卷两种方法。在资料分析过程中，先对录音访谈誊录的全部文字资料进行了编码分析，再对整理好的问卷资料进行编码分析，然后对两种不同资料的结果进行检验，一致性达到88%。

第二，反馈法。是指得出初步结论以后广泛地与自己同行、同事和朋友等交换看法，听取他们的意见。这些人可以分为两大类：一类是研究者对研究现象比较熟悉的人；另一类是对研究者研究的现象不熟悉的人。因此，本书研究者在获得研究的初步结论后，邀请了两名同行博士生和1名心理学专家对研究结论进行讨论。首先让他们对文献综述部分进行了阅读，再对研究者编码的每一步结论以及得出最后的理论模型进行意见的反馈。另外，研究者在与朋友、家人的交流中也对理论模型进行了讨论，并听取他们的反馈意见。

第三,参与者检验法。这种方法是研究者将研究的结果反馈给被研究者,看他们有什么反应。首先,本书研究者在获得研究结论的同时,系统地向被访者征求有关文字稿及结论的意见,确认是否有误解被访者的意思,以确认所收集的访谈资料的真实性。然后,在研究准备阶段研究者自编了效度检核表用来检验文字稿及开放性编码是否能够表述被访者的原意(用百分比表示),并随机抽取了8名被访谈者(4名录音被访者和4名问卷被访者)对资料进行评判。8名被试评判的一致性均达到85%以上,结果如表3.7。

表 3.7　　　　　参与者检验一致性　　　　　(单位:%)

被试编码	文字稿	开放性编码
S1	91	93
S2	87	85
S3	89	93
S4	94	90
S5	90	86
S6	86	89
S7	88	85
S8	89	91

此外,研究者的主观背景在很大程度上影响研究的效度。本书研究者是大学生心理健康与心理咨询方向的博士研究生,参与了多项心理健康的课题研究,并在学习期间接受了质性研究的课程的培训。

五　结论与讨论

(一)关于资料分析的方法

据本书研究者目力所及,国内关于生命意义源的研究寥寥无几,尤其是基于实证研究范式发展起来的理论几乎没有。本研究通过"扎根理论"的质性研究方法，用录音访谈和结构式问卷的方法将收集的资料转成文字再加以分解、分析，将抽象的现象概念化，再将概念提炼、综合为范畴。整个过程具有可操作化的特点，在维持研究信度和效度的基础上忠实于原始资料，建立了一个符合原始资料的生命意义源维度的结构模型理论。

（二）关于生命意义源的结构

本研究运用定性研究的方法，获得了生命意义源结构的理论模型。模型包括5个维度："社会关注"、"自我成长"、"关系和谐"、"生活享受"和"身心健康"。对照文献中不难看出，自1980年生命意义源进入心理学研究的视野以来，无论是在定性研究还是已有的量表中，本研究前四个维度与已有定性研究或定量研究的结果基本一致。尽管"健康"和"快乐"已被现有的研究所印证，然而，本研究在定性研究资料的基础上将"健康"、"快乐"以及"有积极的心态"等合并为一个维度，即"身心健康"。因此，本研究不仅保持了国外生命意义源的主要维度，而且将内容结构进一步优化。

（三）关于研究的伦理

本研究从访谈提纲的设计、知情同意书的撰写、访谈前的准备、访谈后的答谢、文字誊录整理以及资料编码等整个研究的每个环节都突出了研究的伦理规范。比如，在访谈过程中，研究者对被访谈者采取尊重、信任、非强制回答、鼓励、保密等原则。因为本研究的议题是让被访谈者回答涉及个人生命中一些重要事件和议题，有些甚至是个体经历的不愉快的事件，研究者在访谈过程中对于访谈者情绪的变化给予积极地反馈，使被访谈者获得一种安全感，而不会再次受到伤害。

第四章 生命意义源量表的编制及信效度检验

一 研究目的

根据生命意义源的理论结构模型,编制中国生命意义源量表,并考察该量表测量学属性,为后续跨文化研究提供理论依据与测量工具。

二 研究方法和过程

(一)研究对象

1. 预备施测被试

预备施测时采用方便随机抽样的方法,共招募180名被试,分别来自美国加州大学伯克利分校的中国访问学者和访问学生30名、北京交通大学20名、清华大学40名、山东潍坊市20名、徐州师范大学50名。其中有效样本共162名(男性被试47%,女性被试53%)。被试年龄在19—78岁。

2. 正式施测被试

正式施测时采用分层抽样和方便抽样的方法发放问卷800份,回收问卷721份,问卷的回收率为90.13%。其中有效问卷637份,问卷有效率为88.35%。被试分别来自北京传媒大学(5.41%)、北京对外经贸大学(3.85%)、河南郑州大学(4.64%)、江苏徐州师范大学（3.96%）、江苏江南大学（8.54%）、江苏南京白下区人事局（8.71%）、湖南怀化学院（3.52%）、山东潍坊市（37.79%）、江苏盐城市（23.58%）。为扩大本研究被试的变异性，在抽样时，既考虑到被试的职业范围，又扩大被试的年龄范围。被试的职业包括学生、公务员、公司职员、个体户、农民和自由职业者等；年龄在18—83岁之间，平均年龄为36.70岁（S.D.=12.94）。被试在人口统计学变量上的具体分布如表4.1。

表4.1　　　　　正式施测的被试人口统计学变量

性别	民族	宗教信仰	家庭所在地	婚姻状况	年龄分布	学历
男：52.4%	汉族：97.2%	有：7.2%	城市：71%	单身：31.5%	18—29岁：35.6%	研究生：7.7%
女：47.6%	少数民族：2.8%	无：92.8%	乡镇：12.8%	已婚：66.3%	30—39岁：27.3%	本科：39.6%
			农村：16.2%	其他：2.2%	40—49岁：19%	专科：25.9%
					50岁以上：18.1%	高中：15.8%
						初中：9.2%
						其他：1.8%

（二）研究工具

由于本研究编制的生命意义源量表的条目具有中国本土化的特征，因此，本研究将自编的量表命名为中国生命意义源量表（Chinese Sources of Meaning In Life，CSMIL）。

本研究使用简述生命意义源量表（修订版）（Sources of Meaning Profile – Revised，SOMP – R）、Rokeach 价值观调查量表（The Rokeach Value Survey，RVS）以及关注生命意义指标（Life Regard Index，LRI）作为生命意义源量表（中文版）进行校标效度的检验。

SOMP – R 由 Reker（1996）编制（具体内容见第二章生命意义源的测量部分）。

RVS 由 Rokeach（1973）编制。量表共 36 个条目，包括终极性价值观（Terminal value）和工具性价值观（Instrument value）两个分量表，每个分量表各 18 个题目。Rokeach 报告了该量表的 3 周后的重测信度：终极性价值观分量表为 0.78，工具性价值观分量表为 0.71。在本研究中，该量表采用 7 点计分，每个分量表分数从 18 到 126，表示价值从低到高的程度。该量表广泛应用于不同地区和人口，其结构效度和预测效度得到研究者们的认可。如附录 G 和附录 H。

LRI 由 Battista 和 Almond（1973）从相对主义观点发展而来，包括"人生规划"和"目标实现"两个分量表。量表共有 28 个题目，采用 5 点计分，每个分量表的分数从 14 到 70，表示从低到高表示对有意义生活满足的递增程度。Battista 和 Almond 仅报告了量表的临时稳定性为 0.94，但后续的研究对 PIL 进行了进一步信度和效度的检验，如 Debats（1990）报告了两个分量表的内部一致性分别为 0.79 和 0.80，以及整个量表的内部一致性为 0.86。效度研究显示该量表与正向校标（包括幸福感、生活满意、自尊、正向情感）和负向校标（包括焦虑、敌对、抑郁、心理痛苦和消极情绪）存在相关，（如 Zika，et al.，1992）。如附录 I 和附录 J。

CSMIL 为自编中文量表，除此之外的其余 3 个量表均为英文量表，因此，研究者在使用前首先对这 3 个量表进行了中文版的翻译工作。量表先由本文研究者翻译为中文，再由美国加州大学伯克利分校 1 名美籍华裔研究助手（精通中英双语）进行了中英文互译，最后请该校心理学专业的 2 名中国籍博士生和 1 名美籍博士生对量表的翻译进行了再次修改。在正式施测后，这三个量表的 Cronbach α 系数在 0.88—0.95 之间，均达到心理测量学的要求，如表 4.2。

表 4.2　　　　　　　　校标量表的 Cronbach α 系数

量表	Cronbach α 系数
SOMP - R	0.89
RVS	0.95
LRI	0.88

（三）研究过程

1. CSMIL 条目的制定

根据建构的生命意义源结构的理论模型，确定以社会关注、自我成长、关系和谐、生活享受、身心健康 5 个维度编制中国生命意义源量表。研究者根据每个维度的含义，回到誊录的原始资料以及开放性编码和主轴编码中，并参考国外常用 SOMP - R 中相关维度的条目，共编制 64 个原始条目。

为了提高研究的效度，在形成 CSMIL 原始条目后，请心理学专业博士生 1 名，心理学专家 3 名对条目表述的准确性、清晰性、项目归类进行评判，并提出修改意见。在删除表述不清、表面区分效度差的条目后，共获得 58 个条目。研究者将这 58 个条目随机编排组成 CSMIL。量表参考 SOMP - R 量表，采用 7 点计分：从 1—7 的数字表示从"完全没有意义"到"非常有意义"的程度依次递增。

2. CSMIL 的预备测试

本书研究者首先为 CSMIL 编写指导语，包括研究的目的、研究内容、答题方式以及保密和尊重被试等原则。然后将整理好的量表由研究者以电子邮件的方式或由研究者助手通过纸本问卷方式进行施测。

对回收后的问卷进行无效问卷的剔除、被试编码后，再由研究者统一录入 SPSS16.0。对量表进行项目分析，以及根据被试对条目表述是否清晰的反映，删除了不合要求和表述不清的 9 个条目，获得 49 个条目，形成 CSMIL 的初测问卷（如附录 D）。根据被试的信息反馈，对量表指导语和排版格式进行了进一步修改和调整。

3. CSMIL 的正式施测

在量表的正式施测中，大部分地区被试的施测采用了集体施测方式。为了增加样本的变异性，在山东潍坊市和江苏盐城市发放的被试主要特征为年龄相对较大（主要集中在 50 岁以上）、职业较广（包括个体商贩、私营企业职工、公务员、少数无业居民、退休职工等）。同时，为提高研究的效度，在进行问卷发放前赠送每位被试价值 10 元的清华大学纪念礼品一份。此外，鉴于保密原则研究者为每一位被试发放牛皮纸信封一个，在被试回答完试卷后将自己的问卷放入信封内，并用订书机装订好再交给研究者或其助手。研究者或其助手现场将这些信封进行被试的编码，以备资料的整理。

为了解 CSMIL 的跨时间稳定性，研究者在徐州师范大学选取了 110 名被试，进行了间隔两周的重测信度考察。

问卷调查的实施过程严格按照心理测验学程序进行，采用统一的指导语和统一的答卷纸，问卷发放后在两个月内全部收齐。研究者对问卷进行了处理，具体步骤包括：剔除无效问卷；对被试问卷进行编码；将数据进行录入等。

4. 资料的统计与分析方法

使用 SPSS16.0 和 LISEREL8.54 统计分析软件对数据进行分析，使用的统计方法是相关分析、探索性因素分析和验证性因素分析等。

三 研究结果

(一) 初测问卷的项目分析

首先,以27%为临界值,考察高分组和低分组在每个项目上的平均数差异是否显著,删除无鉴别力的题项(吴明隆,2003:42)。结果发现所有题目在高分组和低分组上差异均达到0.001的显著水平,如表4.3。

表4.3　　　　　　　　初测问卷的项目分析

题项	决断值(CR)	题项	决断值(CR)	题项	决断值(CR)	题项	决断值(CR)
Q1	5.61***	Q14	18.62***	Q27	22.93***	Q40	16.28***
Q2	8.19***	Q15	17.31***	Q28	24.68***	Q41	16.41***
Q3	12.51***	Q16	16.61***	Q29	13.83***	Q42	11.47***
Q4	10.52***	Q17	16.71***	Q30	17.86***	Q43	21.889***
Q5	9.41***	Q18	15.18***	Q31	20.62***	Q44	13.094***
Q6	12.18***	Q19	16.27***	Q32	13.64***	Q45	16.747***
Q7	5.94***	Q20	17.56***	Q33	16.45***	Q46	14.43***
Q8	14.10***	Q21	17.33***	Q34	15.89***	Q47	19.70***
Q9	15.15***	Q22	17.68***	Q35	14.39***	Q48	8.06***
Q10	9.13***	Q23	18.23***	Q36	18.37***	Q49	17.77***
Q11	10.57***	Q24	17.86***	Q37	18.34***		
Q12	17.21***	Q25	22.48***	Q38	11.19***		
Q13	8.82***	Q26	24.36***	Q39	18.30***		

*** $p < 0.0001$

其次,求每个题项与总分的相关,结果显示,每个题项与总分之间的相关在0.24—0.75之间,均达到显著水平。如表4.4。

表4.4　　　　　　　初测问卷中每个题项与总分的相关

题项	相关系数	题项	相关系数	题项	相关系数	题项	相关系数
Q1	0.24 ***	Q14	0.60 ***	Q27	0.64 ***	Q40	0.58 ***
Q2	0.38 ***	Q15	0.61 ***	Q28	0.75 ***	Q41	0.56 ***
Q3	0.50 ***	Q16	0.66 ***	Q29	0.53 ***	Q42	0.49 ***
Q4	0.49 ***	Q17	0.67 ***	Q30	0.66 ***	Q43	0.75 ***
Q5	0.42 ***	Q18	0.53 ***	Q31	0.70 ***	Q44	0.50 ***
Q6	0.44 ***	Q19	0.65 ***	Q32	0.63 ***	Q45	0.67 ***
Q7	0.24 ***	Q20	0.62 ***	Q33	0.68 ***	Q46	0.58 ***
Q8	0.58 ***	Q21	0.69 ***	Q34	0.62 ***	Q47	0.69 ***
Q9	0.59 ***	Q22	0.67 ***	Q35	0.62 ***	Q48	0.33 ***
Q10	0.52 ***	Q23	0.68 ***	Q36	0.66 ***	Q49	0.68 ***
Q11	0.45 ***	Q24	0.63 ***	Q37	0.69 ***		
Q12	0.58 ***	Q25	0.67 ***	Q38	0.43 ***		
Q13	0.45 ***	Q26	0.73 ***	Q39	0.60 ***		

*** $p < 0.00001$

(二) 探索性因素分析以及正式问卷的形成

对初测问卷的49个题目进行探索性因素分析初试问卷的Bartlett球形检验结果显示，KMO值为0.955，Chi-Square值为1884.53（df=1176），$p<0.0001$，说明数据适合进行因素分析。采用主成分分析方法和最大正交旋转法进行因素分析，根据生命意义源结构的理论模型与碎石图（图4.1）限定抽取5个因素。

在项目的取舍上，采取以下几个原则：

(1) 剔除因素载荷在制定因素上小于0.40的条目；

(2) 每剔除一个题项，重新运行一次程序；

(3) 剔除的项目除了数值上的考虑外，必须在意义上是可解释的；

(4) 剔除在两个维度上有相似的高负荷题项（因子载荷大于

Scree Plot

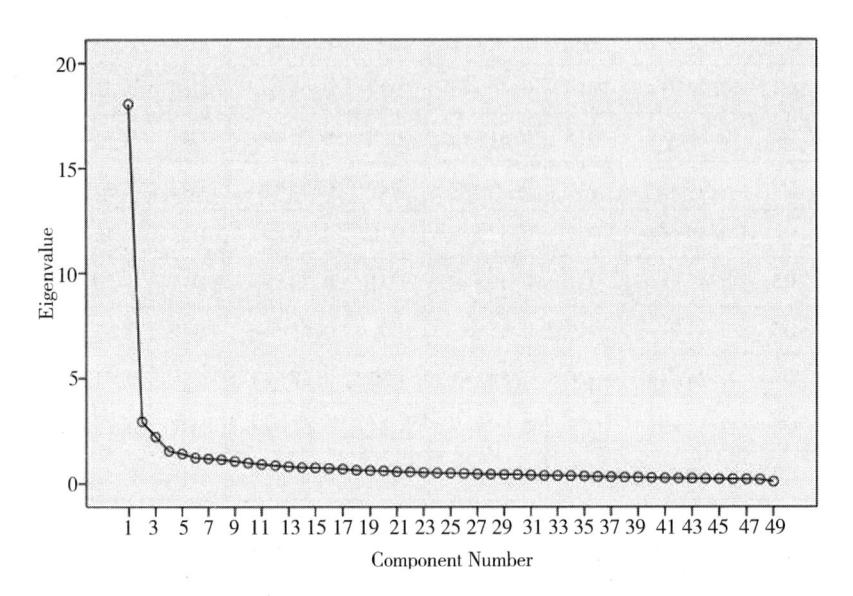

图 4.1 碎石图

0.30）；

（5）每个维度上至少要保留三个条目。

根据以上原则，不断运行程序，每一步除了考虑到数值因素外，兼顾理论上的分析和条目内容本身所表示的意义。在删除不符合要求的条目后，问卷最终保留了30个题项，形成生命意义源量表的正式量表，其因素载荷如表4.5。

表 4.5　　　　　　　　CSMIL 的因素载荷

题　项	因素1	因素2	因素3	因素4	因素5
给他人带来快乐	0.77				
先人后己	0.77				
贡献社会	0.76				
帮助他人	0.67				
得到他人的帮助	0.64				
关心国家大事	0.63				

续表

题 项	因素1	因素2	因素3	因素4	因素5
社会的公正	0.59				
保护环境	0.56				
人与自然和谐的关系	0.51				
获得提高自我能力的机会		0.78			
获得教育的机会		0.75			
独处思考		0.73			
有人生的理想目标		0.68			
有工作和事业		0.64			
从事有创造性的活动		0.58			
合理安排和管理好时间		0.56			
达到一定的目标		0.44			
养育子女			0.68		
有美满的爱情			0.64		
有良好的人际关系			0.61		
孝敬父母			0.53		
生活在和谐的社会中			0.51		
有亲密和知心的朋友			0.51		
有基本的物质生活保障				0.70	
有富裕的物质享受				0.63	
得到他人的认可和尊重				0.59	
做自己想做的事				0.50	
有快乐的心情					0.85
有健康的身体					0.85
保持积极乐观的心态					0.58

5个因素的变异解释率为59.50，根据生命意义源结构的理论模型，将以上5个因素依次命名为"社会关注"、"自我成长"、"关系和谐"、"生活享受"以及"身心健康"，各因素特征根与因

素解释率,如表4.6。

表4.6　　　　CSMIL 各因素解释率及累计解释率

因素	特征根	因素解释率（%）	累计解释率（%）
社会关注	11.78	17.58	17.58
自我成长	1.91	14.93	32.51
关系和谐	1.70	10.19	42.70
生活享受	1.26	9.55	52.25
身心健康	1.21	7.25	59.50

（三）因素结构的验证性因素分析

采用验证性因素分析的方法对5因素结构进行验证。结果显示模型的整体拟合程度较好,如表4.7。

表4.7　　　　5因素1阶模型整体拟合指数

模型	X^2	df	X^2/df	NFI	NNFI	IFI	CFI	RMSEA
1阶模型	1660.50	399	4.16	0.96	0.97	0.97	0.97	0.071

中国生命意义源测量结构及标准化因素载荷如图4.2,其中D1—D5分别表示"社会关注"、"自我成长"、"关系和谐"、"生活享受"以及"身心健康"5个维度。

四　研究的信度和效度

（一）研究的信度

本研究采用内部一致性信度、折半信度以及重测信度作为信度的指标。由表4.8所示,总量表的Cronbach α系数达到0.94,5个因素的α系数也在0.71—0.90之间,折半信度系数在0.65—0.89之间。重测信度系数在0.78—0.86之间,且均达到显著水平。

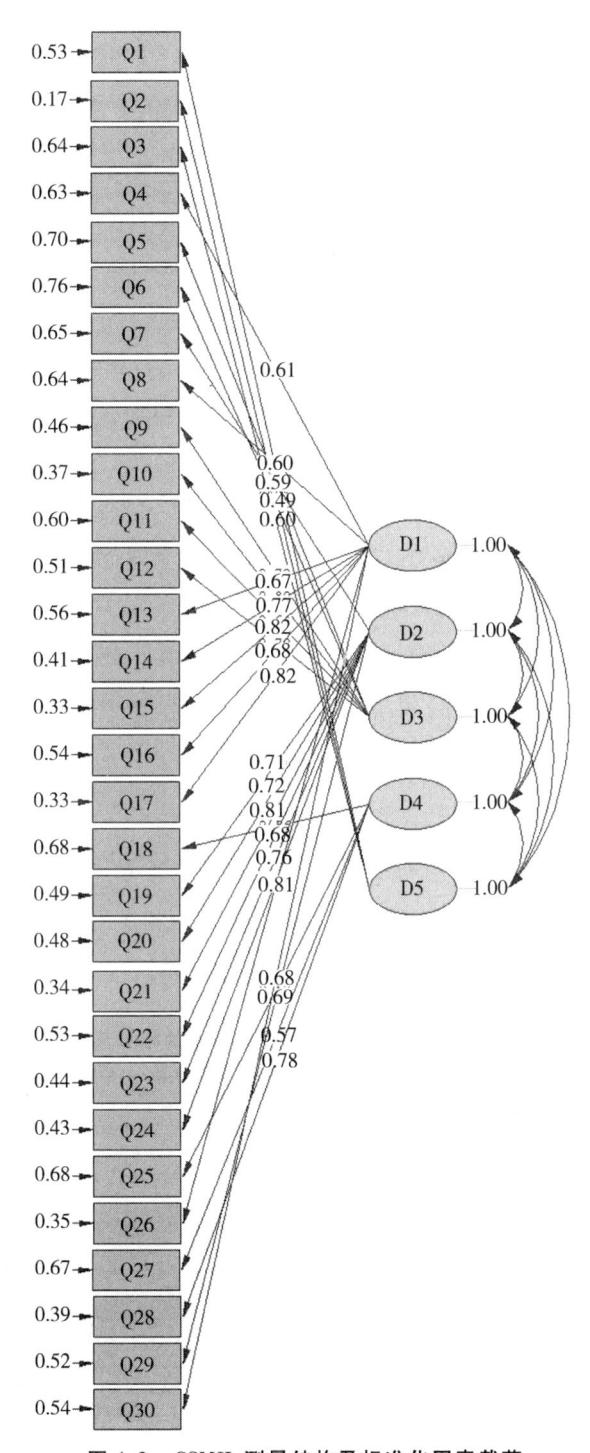

第四章 生命意义源量表的编制及信效度检验　　59

图 4.2　CSMIL 测量结构及标准化因素载荷

表 4.8　　　　　　　　　CSMIL 信度指标

因素	Cronbach α 系数	折半信度	重测信度
社会关注	0.90	0.89*	0.80**
自我成长	0.89	0.86*	0.86**
关系和谐	0.81	0.76*	0.85**
生活享受	0.71	0.70*	0.78**
身心健康	0.74	0.65*	0.81**
总量表	0.94	0.89*	0.84**

*$p<0.05$，**$p<0.001$

（二）研究的效度

1. 结构效度

除了验证性因素对量表的结构进行考察外，本研究还使用各维度间及维度与总量表间的相关、各条目与所属维度间的相关进行结构的考察。

（1）各维度间及维度与总量表间的相关

量表 5 个维度之间的相关系数在 0.37—0.79 之间，说明各维度之间存在中等相关。各维度与量表总分的相关在 0.51—0.88 之间。所有相关系数均达到显著水平，如表 4.9。

表 4.9　　CSMIL 各维度之间及维度与总量表的相关系数

因素	社会关注	自我成长	关系和谐	生活享受	身心健康	量表总分
社会关注	1.00					
自我成长	0.73**	1.00				
关系和谐	0.79**	0.75**	1.00			
生活享受	0.78**	0.74**	0.79**	1.00		
身心健康	0.37**	0.38**	0.44**	0.40**	1.00	
量表总分	0.88**	0.86**	0.81**	0.74**	0.51**	1.00

**$p<0.001$

第四章 生命意义源量表的编制及信效度检验

（2）各条目与所属维度间的相关

因素 1—因素 5 依次表示"社会关注"、"自我成长"、"关系和谐"、"生活享受"以及"身心健康"5 个维度。CSMIL 各条目与所属维度的相关系数如表 4.10。

表 4.10　　CSMIL 各条目与所属维度的相关系数

题　项	因素 1	因素 2	因素 3	因素 4	因素 5
给他人带来快乐	0.83**				
先人后己	0.80**				
贡献社会	0.84**				
帮助他人	0.80**				
得到他人的帮助	0.72**				
关心国家大事	0.68**				
社会的公正	0.72**				
保护环境	0.67**				
人与自然和谐的关系	0.71**				
获得提高自我能力的机会		0.79**			
获得教育的机会		0.83**			
独处思考		0.75**			
有人生的理想目标		0.79**			
有工作和事业		0.74**			
从事有创造性的活动		0.75**			
合理安排和管理好时间		0.74**			
达到一定的目标		0.65**			
养育子女			0.65**		
有美满的爱情			0.75**		
有良好的人际关系			0.80**		
孝敬父母			0.63**		
生活在和谐的社会中			0.75**		
有亲密和知心的朋友			0.75**		

续表

题项	因素1	因素2	因素3	因素4	因素5
有基本的物质生活保障				0.70**	
有富裕的物质享受				0.78**	
得到他人的认可和尊重				0.78**	
做自己想做的事				0.66**	
有快乐的心情					0.87**
有健康的身体					0.76**
保持积极乐观的心态					0.82**

** $p < 0.001$

2. 校标效度

本研究采用 RVS、LRI、SOMP-R 作为 CSMIL 的校标进行效度的检验。结果显示，CSMIL 各维度与 RVS 的相关系数在 0.49—0.76 之间，与 LRI 的相关系数在 0.17—0.35 之间，与 SOMP-R 的相关系数在 0.31—0.76 之间，总量表与效标之间的相关分别为 0.86、0.32、0.82。所有相关系数均达到显著水平，具体如表 4.11。

表 4.11 CSMIL 各维度与 RVS、LRI、SOMP-R 之间的相关系数

维度	RVS	LRI	SOMP-R
社会关注	0.75**	0.30**	0.76**
自我成长	0.76**	0.35**	0.69**
关系和谐	0.68**	0.24**	0.59**
生活享受	0.68**	0.28**	0.72**
身心健康	0.49**	0.17**	0.31**
量表总分	0.86**	0.32**	0.82**

** $p < 0.001$

五 结论与讨论

CSMIL 的编制基于生命意义源结构理论模型，并借鉴了

SOMP-R量表部分内容，经过统计检验形成了30个正式题目。从量表内容上看，大部分题目都来自于访谈和编码资料，尤其是主轴编码。这些题目既包含了生命意义源的主要内容，也充分体现出了中国文化背景下的生命意义源的特点，比如：赡养父母、养育子女等题目体现了中国传统价值观，同样蕴含在人们生命意义的重要来源中。

在量表的结构上，与SOMP-R相比，本研究获得了"身心健康"维度。尽管以往的定性研究已验证有"健康"、"快乐"的维度，但在现有的生命意义源的测量工具中却未能反映。尽管其余4个维度与SOMP-R量表在命名上有所差异，但主要内涵基本一致。

在研究方法上，本研究根据已有的假设理论模型对初始量表先采用探索性因素分析，剔除了不合要求的条目后形成正式量表，再对量表结构进行一阶五因素模型的验证性因素分析，并获得较好的模型拟合指数。

另外，本研究在正式量表施测的被试选取上，充分考虑到了被试的不同年龄及职业的分布，增强了研究样本的变异性。

本量表在与RVS的相关检验过程中，发现两者存在显著正相关，这与Reker在编制SOMP-R时获得的结果相同，这同时说明个体生命意义源与其价值观存在显著的正相关，个体认为生命中重要的有意义的事件在很大程度上也是它们认为生活中最有价值的东西。

总体而言，本研究编制的CSMIL既保持了国外同类量表的主要内容和维度，同时在题目上也具有中国本土化的特点。CSMIL具有良好的项目区分度，信度和效度均符合心理测量学的要求，可以作为进一步研究的工具。

第五章 生命意义源非言语测量工具的探索

> 我们是文化水中的鱼。作为成人，我们在思考人类的存在时，必定会戴着文化的眼镜来看世界。人类生活在这样一个充满着语言、数学、金钱、政府、教育、科学和宗教的世界里，这些文化组织形成了文化的习俗，不同种族的人们用特定的相互作用和思考的方式来创造和维持着它们。
>
> ——Tomasello（1999：216）

一 研究目的

在上文跨文化研究中将原始数据进行了标准化的处理在一定程度上避免了不同文化下量表使用中出现的偏见。但事实上，量表在正式使用前的中译英过程中已涉及跨文化研究对语意理解和词汇使用的差异。因为，同一个概念在不同的文化背景下往往有着不同的意义理解，而且这种不同文化背景下理解的差异性相对比较稳定（石中英，2009）。因此，无论是中译英还是英译中的过程中，译者对于文献的理解却只能囿于概念或词汇所表达的意义，彼此之间存在着或窄或宽的文化差异。因此，这无疑缩小或是扩大了量表本身在文化间的变异从而降低了整个研究的效度。

本研究的目的是在自编 CSMIL 基础上，结合国外常用生命意义源量表 SOMP－R 进一步探索生命意义源测量工具，并尝试使用图片的形式编制非言语测量工具——生命意义源非言语测量工具（Non-Verbal Measuring Instrument for Sources of Meaning in Life, NVMI-SML），以避免在测量中出现的不同文化对量表使用的偏见现象，提高跨文化测量的效度。

二 研究方法与步骤

（一）研究对象

本研究在正式施测中招募的被试来自中美两个国家，人口统计学变量如表5.1。

表5.1　　　　　　　正式施测的被试人口统计学变量

国别	中国被试	美国被试
性别/人数	男 14　　女 19	男 14　　女 17
总数	33 人	31 人
年龄	19—38 岁	20—46 岁

（二）研究过程

本研究的研究过程为：确定图片内容—进行访谈（确定图片情境）—网上搜索图片—研究者筛选图片—专家效度检验—图片加工—进行预备测试—图片再加工—正式测试。具体流程如图 5.1。

（三）研究步骤

1. 确定图片内容

由于本研究的目的是发展一个非言语测量工具，该工具既不是作为自我报告形式，也不是用来作为他人报告形式，而是希望通过图片的形式呈现"生命意义的来源"，并且缩小不同文化（中美文化）对该测量工具使用中的变异。因此，本研究在 CSMIL 和

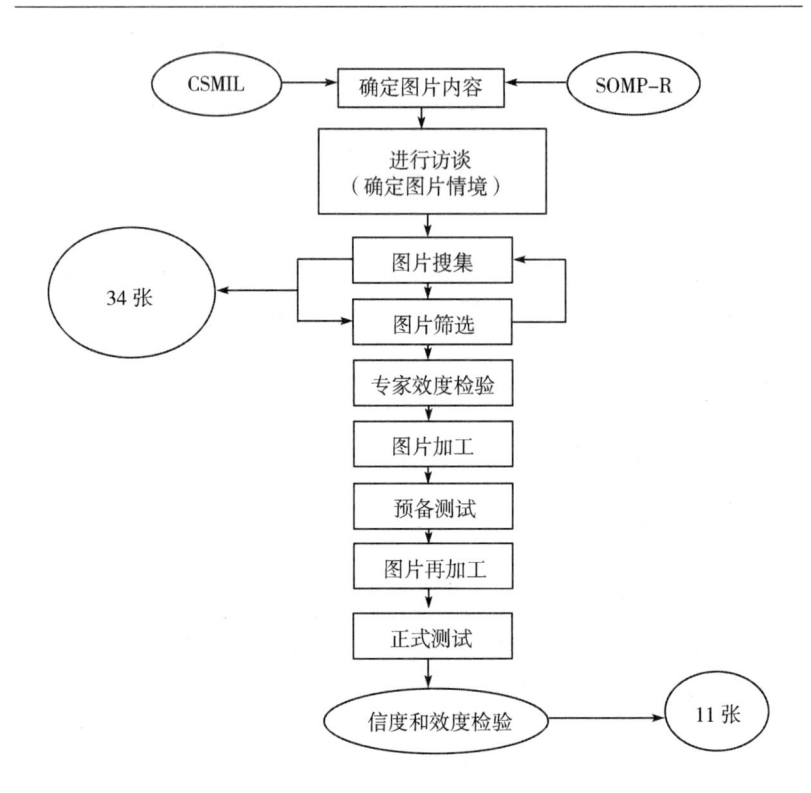

```
       ┌─────────┐      ┌──────────────┐      ┌─────────┐
       │ CSMIL   │─────▶│ 确定图片内容 │◀─────│ SOMP-R  │
       └─────────┘      └──────────────┘      └─────────┘
                               │
                               ▼
                        ┌──────────────┐
                        │  进行访谈    │
                        │(确定图片情境)│
                        └──────────────┘
                               │
                               ▼
       ┌─────────┐      ┌──────────────┐
       │  34 张  │◀─────│  图片搜集    │
       └─────────┘      └──────────────┘
                               │
                               ▼
                        ┌──────────────┐
                        │  图片筛选    │
                        └──────────────┘
                               │
                               ▼
                        ┌──────────────┐
                        │ 专家效度检验 │
                        └──────────────┘
                               │
                               ▼
                        ┌──────────────┐
                        │  图片加工    │
                        └──────────────┘
                               │
                               ▼
                        ┌──────────────┐
                        │  预备测试    │
                        └──────────────┘
                               │
                               ▼
                        ┌──────────────┐
                        │ 图片再加工   │
                        └──────────────┘
                               │
                               ▼
                        ┌──────────────┐
                        │  正式测试    │
                        └──────────────┘
                               │
                               ▼
                        ┌──────────────┐     ┌─────────┐
                        │信度和效度检验│────▶│  11 张  │
                        └──────────────┘     └─────────┘
```

图 5.1　NVMI-SML 的编制流程图

SOMP-R 的维度中,每个维度选出至少 3—4 个题目,形成非言语测量工具的图片主题,如表 5.2。

表 5.2　　　　　　NVMI-SML 确定的图片主题

中　文	英　文
社会公正公平	just and fair
帮助他人	help others
工作	work
学业	education
挑战自我	challenge myself
父母	parents
子女	children
朋友	friends

续表

中　文	英　文
人际关系	relations with others
爱情	love
金钱	money
享乐活动（如，聚会、赌博）	"hedonistic" activities (Party, Gamble)
休闲活动（如，旅游、听音乐）	leisure activities (travel, listen to the music)
健康	health
快乐	happy
人与自然的关系	relationship with nature
宗教活动	religion
文化与传统	culture and tradition
获得成功	success
获得别人的认可	be praised by others

2. 进行图片筛选

（1）图片情境的获得

本书研究者招募6名中国被试（3名男性，3名女性）和6名美国被试（3名男性，3名女性），针对表5.2中每个主题请他们列出1—2个最容易被唤起情境的图片，这样获得了中国文化下35个情境，美国文化下32个情境。根据中美文化下的这些情境，在互联网上用主题词分别进行搜索，获得了32张中国图片和30张美国图片。

（2）专家效度的检验

研究者邀请加州大学伯克利分校心理系的3位美国籍博士生及两位中国籍博士生、一位中国心理学专家进行专家效度的检验。首先告之他们本研究的目的、内容、操作过程及相关参考资料。然后请他们分别对中国图片和美国图片的内容、图片与问卷的相关度进行评定和修改。

首先，确定筛选图片的原则：（1）每张图片集中表达一个主题。如图 5.2 表达的意义限于"环保"相关；（2）尽量选取中美被试观点一致的图片。如中美被试都认为图 5.3 的意义与"快乐"相关；（3）如果两种文化下的图片不一致，但两张图片表达的意义相同亦可。如图 5.4 和图 5.5，尽管图片内容不同，但表示的意义都是"金钱"、"财富"。

图 5.2　环保 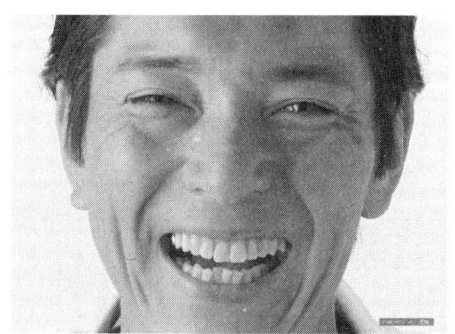　　　　　　　　图 5.3　快乐

图 5.4　人民币 　　　　　　　图 5.5　美元

其次，将不符合以上原则的图片进行剔除。比如图片 5.6 被剔除。研究者希望获得与"快乐"、"开心"主题一致的图片，但有被试认为该图片表达的意义是"童年"、"朋友"。再如图片 5.7 被剔除。因为在美国文化下该图片表达的内容为休闲活动（房车是美国典型的户外驾车），而在中国文化下，被试很难将其辨识为休

闲活动，因此，对于这样的图片，两组被试就不能获得一致的表述。

图 5.6　笑脸　　　　　图 5.7　休闲活动

最后，评定图片含义是否分别与预期研究的中美生命意义源的内容相关，并增加部分相关图片。经过讨论后，中美文化下各有 34 张图片，形成预备测试用的图片（如附录 O 和附录 P）。为了提高研究的信度，在确定这 34 张图片时，选择 2—3 张图片对应在 CSMIL 及 SOMP–R 的各维度。

3. 预备测试与图片的加工

研究者招募 5 名美国被试与 5 名中国被试，对图片分别进行识别。根据指导语，让他们说出图片所表达的主题。在这个过程中，研究者及其助手根据被试的反应和他们对图片内容提出的问题，使用 Photoshop 对图片进行了加工。

首先，删除图片中与设定主题相异的干扰信息，使被试快速聚焦核心意义。因为尽管有些图片表达内容一致，但被试反映图片中的一些信息与表达主题无关，如图 5.8，部分被试看到该图时反映出的图片意义是"生活的小资"或"轻松的生活"，而研究者期望的回答主题则是"人与动物的和谐"，因此，研究者将图片中的厨房、桌子上的东西等与主题无关的信息删去，如图 5.9。

其次，加入特定的信息使图片表达的内容更加直观、清晰。如图 5.10，原始图片中只是显示一些人围成的一个圈，无论是美国被试还是中国被试，都很难看出研究者的意图是想通过该图片表达"人际关系"的主题，于是研究者在图片中写入相关信息：给中国被试的图片中写入"亲戚"、"朋友"、"老乡"、"同学"、"同事"等,而给美国被试的图片写入"friend"、"co-worker"、"classmate"、"relative"。

图 5.8　小资情调 　　图 5.9　人与动物的和谐与陪伴

图 5.10　人际关系

图 5.11　中国文化下的人际关系 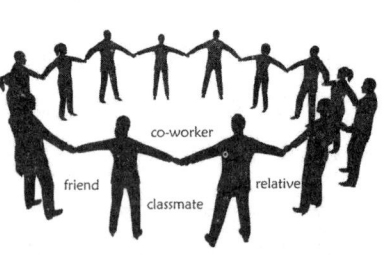　　图 5.12　美国文化下的人际关系

最后,对几张图片进行合并来表达一张图片无法表达的意义。这类图片所要表述的意义往往比较抽象。比如,"中国文化"和"美国文化"是一个多元而且抽象的概念,在对被试的访谈中,中国被试在列举中国文化时提及最多的是儒家、太极、京剧、龙图腾等,而美国被试在列举美国文化时提及最多的是自由女神像、汤姆

大叔、感恩节、美式橄榄球等，因此，"中国文化"和"美国文化"很难用一张图片来表示。为了解决这一问题，研究者根据被试提及最高频的内容分别选取了 4 张图片，然后将其合并成一张图片来表达中国文化和美国文化。如图 5.13、图 5.14。

图 5.13　中国传统与文化　　图 5.14　美国传统与文化

4. 正式测试与效度检验

随机选取美国被试与中国被试各 30 名，请他们根据图片内容写出其代表的含义。本书研究者请美国籍博士生与中国籍博士生各一名，协助研究者对获得的中美被试资料进行分析。对照研究者预设的图片含义，中美被试写出的图片含义的准确率分别如表 5.3。

表 5.3　　　　　　　中美被试在图片含义上的准确率

图片编号	中国被试列出的图片内容	美国被试列出的图片内容	中国被试的准确率（%）	美国被试的准确率（%）
1	爱情	love/romance	87.88	81.48
2	成就/教育	accomplishment/education	81.82	62.96
3	养育儿女	children	54.55	33.33
4	环境保护	nature/environment	24.24	44.44
5	金钱/财富	money/wealth	84.85	81.48
6	工作/事业	work/career	81.82	77.78

续表

图片编号	中国被试列出的图片内容	美国被试列出的图片内容	中国被试的准确率（%）	美国被试的准确率（%）
7	公平/公正	justice/equity	66.67	78.57
8	宗教/信仰	religion/faith/god	81.82	96.30
9	健康	health	87.88	77.27
10	助人/爱心	service	84.85	76.92
11	人际关系	community	18.19	36.36
12	娱乐	fun	21.21	14.81
13	快乐/开心	happiness/laughter	90.91	95.45
14	朋友	friends	39.40	78.57
15	成功/成就	success/accomplishment	78.79	85.71
16	文化/传统	tradition/America	84.85	57.14
17	认可/赞赏	recognition	30.30	21.43
18	休闲/放松	enjoyment	18.19	14.29
19	陪伴	companionship	15.16	21.43
20	环境保护	environment/recycling/sustainability	81.82	92.86
21	亲情	family	75.76	85.71
22	挑战/探索	challenges/exploring	60.61	64.29
23	拼搏/超越	competition	48.48	21.43
24	聚会	party	0.09	28.57
25	娱乐	fun	54.55	7.14
26	工作/事业	work	24.24	21.43
27	休闲	leisure activities/relaxation	84.85	78.57
28	友情	friendship	18.18	7.14
29	健康	health	39.39	50.00
30	教育/学习	education/learning	51.52	64.29

续表

图片编号	中国被试列出的图片内容	美国被试列出的图片内容	中国被试的准确率（%）	美国被试的准确率（%）
31	工作	work	36.36	21.43
32	聚会	fun/party	42.42	35.71
33	成功/成就	success/accomplishment	66.67	50.00
34	陪伴	companionships	0.06	28.57

5. 图片的选定

从表 5.3 中筛选出中美被试对图片判断准确率相对较高的 11 项，每张图片在中美被试中的准确率均不低于 75%。本书研究者以英文大写字母 A 到 K 对 11 张图片进行随机排序编号。最后形成的中美图片的编号与相应的图片内容如表 5.4。

表 5.4　　中美图片编号及所对应的图片内容

图片编号	中国图片内容（中文）	美国图片内容（英文）
A	爱情	love
B	财富/金钱	wealth/money
C	成就/成功	accomplishment/success
D	助人	help others/ service
E	休闲活动	leisure activities
F	亲情	family
G	环保	nature/environment
H	健康	health
I	事业/工作	career/work
J	快乐	happiness
K	宗教/信仰	religion/faith/god

每张图片在 CSMIL 与 SOMP-R 所对应的维度如表 5.5。

表 5.5　　　NVMI-SML 对应 CSMIL 与 SOMP-R 的维度

量表	维度	图片编号
CSMIL	社会关注	D、G
	自我成长	C、I
	关系和谐	A、F
	生活享受	B、E
	身心健康	H、J
SOMP-R	自我关注	B、E、K
	个体主义	C、I
	集体主义	D、G
	自我超越	A、F

6. 图片的整体设计

本书研究者对图片进行了整体设计：首先，将字母放在每张图片的右下角；其次，为了提醒被试将这些图片放在"生命意义来源"的情境下考虑，尽量使被试将看到的图片主题从直观图像转换为抽象的概念，研究者在中美图片的左上方分别写明"生命意义源于……"和"Life meaning is from…"的字样。如图 5.15、图 5.16，被试看到的是人民币或美元的图像，但在"生命意义来源"这样的情境下，被试会把人民币和美元抽象为"财富"；最后，研究者将每张图片的大小设定为纸质扑克牌大小。整体设计好的图片如附录 S 和附录 T。

三　研究的信度

本研究使用重测信度作为信度检验，在中国清华大学招募被试 82 名，在美国加州伯克利分校招募被试 76 名，对其进行为期两周的重测信度的检验。结果显示，信度系数在 0.77—0.91 之间，均达到显著水平,如表 5.6。

图 5.15　人民币　　　　　　　图 5.16　美元

表 5.6　　　　　　　　　　NVMI-SML 的重测信度

图片编号	中国重测信度	美国重测信度
A	0.90**	0.88**
B	0.91**	0.93**
C	0.81**	0.78**
D	0.89**	0.85**
E	0.77**	0.82**
F	0.82**	0.80**
G	0.74**	0.81**
H	0.85**	0.88**
I	0.80**	0.84**
J	0.91**	0.90**
K	0.88**	0.92**

** $p < 0.001$

四 结果与讨论

本研究对生命意义源的非言语测量工具进行了探索性研究，在 CSMIL 和 SOMP－R 理论基础上，并在中美两种文化情境下获得了中国和美国文化中表达"生命意义来源"含义的图片各 11 张。尽管中国版与美国版的图片在图片 A（爱情）、图片 B（财富）、图片 D（助人）、图片 K（宗教）中的图像不同，但中美被试对这些图片表达的含义的认识基本一致。剩余的 7 张则是中美被试共享的图片。

NVMI－SML 突破了传统的自陈量表进行跨文化研究的局限性。图片具有内容简洁、直观明了等特点，使被试较容易辨识，并能很快进入图片设定的主题中。在图片的选取上，顾及了中国文化与美国文化的共性和个性，既有中国文化元素的图片，也有融入了美国文化元素的图片。由于互联网和媒体在当前社会的广泛应用，越来越多的信息跨越国界，无论是中国被试看美国文化元素的图片，还是美国被试看中国文化元素的图片，两者都能较准确地判断出图片的主题。如图 5.17 表达的主题是"亲情"，中国被试有 75.76％ 的准确率，美国被试有 85.71％ 的准确率。

在对非言语测量工具探索的过程中，研究者发现，由于中美文化间的差异，中国人和美国人对某些相同的图片判断出不同的含义。如图 5.18，在美国文化下有 78.57％ 的人认为与"朋友"、"友情"相关的内容，而中国文化下只有 39.40％ 的人持类似观点。除此之外，中国被试将这张图片表达为"开心"、"愉快"、"欢乐"、"聚会"等。这背后又折射出中国文化与美国文化的差异。

中国人和美国人对于"文化和传统"的理解也有差异。在图 5.13、图 5.14 中，尽管每张图片由 4 张小图片组成，且都来自访谈中被试最多提到的情境，但中国被试中有 84.85％ 的人认为

图 5.17　亲情　　　　图 5.18　朋友

合成后的图片所表达的是"中国传统与文化",而只有 57.14% 的美国人认为图片表达的是"美国传统"或"美国",而其他的美国被试则列出了"爱国主义"(21.43%)、"自由"(7.14%)等。因此不难看出,中国传统和文化往往可以用一些相对明显且富有特色的元素表达,而美国传统和文化却很难用几张图片来表达。中美文化的根基不同是主要的原因。中国的传统和文化在历史的涤荡中沉积了几千年,那些具有文化和民族特色的元素,如儒家思想、太极八卦、龙图腾等在中国世代相传、根深蒂固。而美国的历史只有几百年,其传统与文化更多的是来自于外来殖民地的移植,具有多元性的特点。"自由与民主"一直是美国精神的代名词。美国的爱国主义强调的是美国文化所尊崇的自由、民主的价值观念。因此,有 21.43% 的美国被试将图片认为是"爱国主义"也不足为奇。

　　本研究工具的局限性至少有以下两点:其一,研究者的主观认识和价值取向会对图片进行首次"过滤",影响着图片的选取结果。图片收集的途径和方法对有效图片的获得也有一定的限制,或许有些适切主题的图片未能进入研究者的视野。其二,图片均来自互联网,有些抽象的概念很难用图片来表达时就不容易在互联网上搜索到,这样获得图片就有一定的局限性。如研究者在互联网上搜索到表述"获得别人的认可"这一含义的图片,如图 5.19,在正式实测中只有 30.30% 的中国人和 21.43% 的美国人回答符合研究者的预设，因此这一项主题被删除，这在很大程度上影响到了整个研究的效度。

图 5.19　获得别人认可

总体而言，本研究开发的生命意义源非言语测量工具有良好的信度和效度，可以用于进一步的跨文化研究。

第六章 生命意义源(CSMIL)在中美大学生中的跨文化比较

一 研究目的

使用CSMIL进行中美大学生群体的跨文化比较,考察在不同文化背景下,大学生获得的生命意义来源的差异。

二 研究方法

(一) 研究对象

跨文化研究最大的禁忌就是将不匹配的样本做比较（何友晖等，2007:83），因此，本研究的被试均来自于中美两国的高校或研究所的大学生、研究生。中国被试来自中国北京大学152人，美国被试来自美国加州大学伯克利分校123人。来自中国的被试，在完成本研究所有调查问卷后，每位获得被试费人民币20元和价值10元的精美小礼品一份。美国被试的招募首先需要通过加州大学伯克利分校被试保护委员会（Committee for Protection of Human Subjects，CPHS）的审批，然后通过网络进行招募。本书研究者首先通过了CPHS的课程考核，该课程针对研究的伦理对研究者进行培训和考核。考核通过后，研究者向CPHS提交研究计划，CPHS经过审核后，根据研究计划向研究者提出一些研究中会存在的伦理问题，研究者的回答符合要求后，方能通过审核。这个过程大概需要 1—2 个月。中美被试的人口统计学变量分别如表 6.1、表 6.2。

表 6.1　　　　　　　中国被试人口统计学变量

性别		年龄分布		所属年级	
男	女	年龄	人数	年级	人数
80	72	18—19 岁	14	大一	6
		20—24 岁	125	大二	58
		25—29 岁	6	大三	50
				大四	30
				研究生	8

表 6.2　　　　　　　美国被试人口统计学变量

性别		是否美国出生		年龄分布	
男	女	是	否	年龄	人数
55	68	113	10	18—19 岁	21
				20—24 岁	85
				25—29 岁	9
				30—45 岁	6
				50 岁	3

（二）研究设计

由于本研究的被试主要来自中国和美国的大学生人群，在年龄均集中在 18—25 岁之间，因此，本研究采用 2（文化：美国、中国）×2（性别：男、女）的研究设计，探讨不同文化下男女被试在生命意义源上的文化差异。

（三）研究工具

本研究的研究工具是中国生命意义源量表（Chinese Sources of Meaning in life – Chinese），如附录 E。研究者对 CSMIL 进行了英文版的翻译。先由研究者将中文量表译为英文量表,再由美国加州大学伯克利分校心理系的一名美籍华裔双语研究助理进行英文与中文的互译,最后再由心理系一名美籍博士生对句法进行修改。如附录 F。由于此次问卷发放的被试主要是大学生,有别于以上两个研究的被试人群,因此,本研究对数据进行了重新检验,CSMIL 在中美被试中的 Cronbach α 系数如表 6.3。

表 6.3　　　　　　　　CSMIL 的 Cronbach α 系数

CSMIL	Cronbach α 系数
中国	0.94
美国	0.88

(四) 数据处理方法

有研究者指出 (Chen, et al., 1995),东亚学生使用李克特量表时总有一种偏见,他们喜欢选择距离量表中心点较远的一项。为了避免不同文化下量表使用中出现的偏见,研究者使用了 Triandis 等 (Triandis, et al., 1990) 在 1990 年一项研究中所使用的统计方法。研究者先将中美原始数据分别标准化,然后再对标准化的数据进行跨文化的独立样本 t 检验——假设在每个文化下被试从量表的 N 个被试到 n 个条目的平均数是一致的。尽管在每个文化下使用 N 的平均数和离均差 (SD) 会产生"控制过度"的效应,以至于一些文化间的差异可能被消除,但被区分出来的文化间的差异可能在未来的研究中更容易复现。另外,为了避免控制过度,当原始数据显示两个样本之间在回答问题中没有显著总体差异时 (如,性别差异检验中,中国被试的男性与女性在各维度的比较),则使用未标准化的数据;当比较的两个样本在问题回答上存在文化差异时 (如,中国被试和美国被试),便使用标准化后的数据。Peng (1997) 在其研究中同样使用了这种方法来解决不同文化下被试在量表回答中出现的偏见问题。根据以上数据处理的方法,本研究的结果如下。

三 研究结果

(一) 中美被试在 CSMIL 总量表的平均数差异检验

为检验国别和性别对生命意义源是否有显著的交互作用，对标准化后的数据进行双因素方差分析。结果显示性别与国别的交互作用不显著（$F=1.476$，$p=0.225$）如表6.4。不同性别之间存在显著差异（$F=7.919$，$p=0.005$），女性被试的得分显著高于男性被试（$t=-2.597$，$p=0.010$），如图6.1。

表6.4 性别与国别的方差分析

来源	3型平方和	自由度	均方和	F值	p值	净相关Eta平方
性别	5.472	1	5.472	7.919*	0.005	0.028
国别	1.253	1	1.253	1.814	0.179	0.007
性别*国别	1.020	1	1.020	1.476	0.225	0.005
误差	187.272	271	0.691			
总数	198.257	275				
校正后的总数	194.148	274				

* $p<0.05$

在对性别进行国别的差异性检验发现，在所有男性被试中，中国被试显著高于美国被试（$t=2.045$，$p=0.043$）；在所有女性被试中，中国被试与美国被试没有显著性差异（$t=0.089$，$p=0.929$）。在中国被试中，男性被试与女性被试没有显著性差异（$t=-0.762$，$p=0.448$），在美国被试中，女性被试显著高于男性被试（$t=-3.109$，$p=0.002$）。如表6.5。

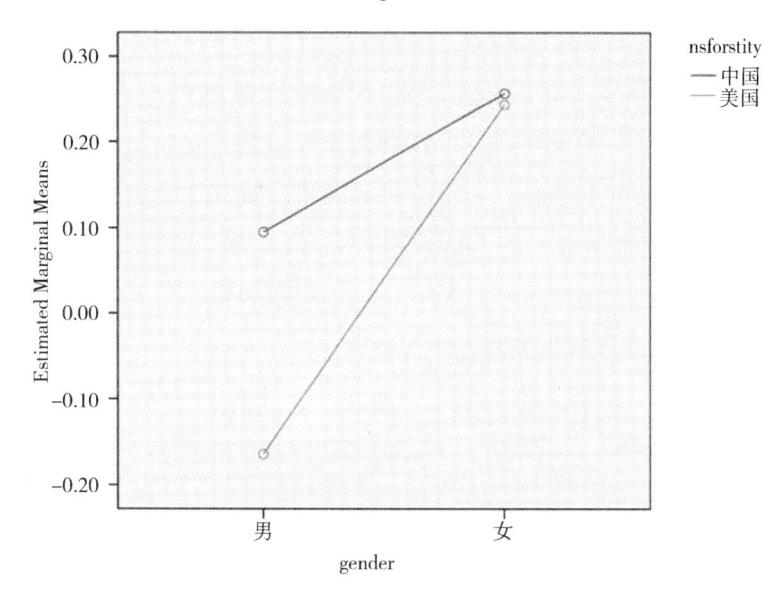

Estimated Marginal Means of z total

图 6.1　性别与国别的交互作用

表 6.5　　　　不同性别的中美被试的平均分差异

性别	国籍	Mean	Std. Deviation	N
男	中国	0.095*	0.823	80
	美国	−0.164*	0.647	55
	总数	−0.011**	0.764	135
女	中国	0.257	1.077	72
	美国	0.244	0.656	68
	总数	0.250**	0.894	140
总数	中国	0.172	0.952	152
	美国	0.061	0.680	123
	总数	0.122	0.84177	275

* $p < 0.05$；** $p < 0.001$

（二）中美被试在 CSMIL5 个维度上的平均分差异检验

尽管中美被试在 CSMIL 量表总分上没有显著差异，但对标准化后的数据进行独立样本 t 检验，检验中国和美国在 CSMIL 的"社会关注"、"自我成长"、"关系和谐"、"生活享受"和"身心健康"5 个维度上的差异，结果显示美国被试在"社会关注"（$t = -2.87$，$p = 0.004$）和"自我成长"（$t = -1.56$，$p = 0.119$）两个维度高于中国被试，其中"社会关注"维度达到显著水平（$p < 0.01$），而中国被试在"关系和谐"（$t = 3.79$，$p = 0.000$）、"生活享受"（$t = 2.68$，$p = 0.008$）和"身心健康"（$t = 2.24$，$p = 0.026$）3 个维度均显著高于美国被试。如表 6.6。

表 6.6　　中美被试在 CSMIL 5 个维度中的平均分差异

维度	国籍	Mean	Std. Deviation	Std. Error Mean
社会关注	中国	-0.81**	1.41	0.11
	美国	-0.39**	1.00	0.09
自我成长	中国	0.33	1.08	0.09
	美国	0.51	0.82	0.07
关系和谐	中国	0.30****	1.21	0.10
	美国	-0.25****	1.15	0.10
生活享受	中国	-0.08**	1.28	0.10
	美国	-0.44**	1.00	0.09
身心健康	中国	1.12*	0.91	0.07
	美国	0.88*	0.84	0.08

* $p < 0.05$；** $p < 0.001$；**** $p < 0.0000$

从表 6.6 中可以看出，中国被试对这 5 个维度的排序并不明显，按照其重要程度排序从高到低为："身心健康"、"自我成长"、"关系和谐"、"生活享受"和"社会关注"。美国被试则为"身心健康"、"自我成长"、"关系和谐"、"社会关注"和"生活享受"。

（三）中美被试不同性别在 CSMIL 5 个维度上的组内差异检验

由于组内检验不涉及不同国家的文化变异，因此，对两组原始

数据进行独立样本 t 检验,检验中美两组被试不同性别在 CSMIL 量表的 5 个维度的差异。

中国被试中,除了"社会关注"($t = -0.107$,$p = 0.915$)外,女性被试在"自我成长"($t = -1.012$,$p = 0.313$)、"关系和谐"($t = -0.664$,$p = 0.508$)、"生活享受"($t = -1.408$,$p = 0.161$)和"身心健康"($t = -1.602$,$p = 0.111$)其余 4 个维度的平均分均高于男性被试,但均未达到显著水平。如表 6.7。

表 6.7   中国被试不同性别在 CSMIL 5 个维度中的平均分差异

维度	性别	Mean	Std. Deviation	Std. Error Mean
社会关注	男	5.58	0.72	0.08
	女	5.56	0.78	0.09
自我成长	男	6.12	0.52	0.06
	女	6.22	0.62	0.07
关系和谐	男	6.13	0.58	0.06
	女	6.19	0.71	0.08
生活享受	男	5.89	0.62	0.07
	女	6.04	0.73	0.09
身心健康	男	6.53	0.52	0.06
	女	6.66	0.43	0.05

美国被试中,女性被试在 5 个维度的平均分均高于男性被试。除了"自我成长"($t = -1.49$,$p = 0.14$)维度外,"社会关注"($t = -2.0$,$p = 0.044$)、"关系和谐"($t = -2.94$,$p = 0.004$)、"生活享受"($t = -1.93$,$p = 0.001$)和"身心健康"($t = -3.52$,$p = 0.001$)等其余 4 个维度都达到显著水平。如表 6.8。

表 6.8   美国被试不同性别在 CSMIL 5 个维度中的平均分差异

维度	性别	Mean	Std. Deviation	Std. Error Mean
社会关注	男	4.92*	0.83	0.11

续表

维度	性别	Mean	Std. Deviation	Std. Error Mean
	女	5.23*	0.85	0.10
自我成长	男	5.75	0.66	0.09
	女	5.93	0.72	0.09
关系和谐	男	4.93**	0.97	0.13
	女	5.44**	0.93	0.11
生活享受	男	4.88***	0.91	0.12
	女	5.18***	0.78	0.09
身心健康	男	5.98***	0.76	0.10
	女	6.36***	0.62	0.07

$*p<0.05$；$**p<0.001$；$***p<0.0001$

（四）中美被试不同性别在 CSMIL 5 个维度上的组间差异检验

对两组标准化后的数据进行独立样本 t 检验，检验中美两组被试的不同性别在 CSMIL 量表的 5 个维度的差异。男性被试中中国被试 80 名，美国被试 55 名；女性被试中中国被试 72 名，美国被试 68 名。结果显示，在男性被试中，美国被试在"社会关注"（$t=-1.02$, $p=0.31$）和"自我成长"（$t=-0.93$, $p=0.36$）两个维度的平均分高于中国被试，而中国被试在"关系和谐"（$t=4.157$, $p=0.000$）、"生活享受"（$t=2.125$, $p=0.035$）和"身心健康"（$t=2.512$, $p=0.013$）3 个维度的平均分高于美国被试，并且达到显著水平，如表 6.9。

表 6.9　中美男性被试在 CSMIL 5 个维度中的平均分差异

维度	国籍	Mean	Std. Deviation	Std. Error Mean
社会关注	中国	-0.80	1.36	0.15
	美国	-0.59	0.97	0.13
自我成长	中国	0.24	0.99	0.11

续表

维度	国籍	Mean	Std. Deviation	Std. Error Mean
	美国	0.38	0.78	0.10
关系和谐	中国	0.24**	1.10	0.12
	美国	-0.58**	1.14	0.15
生活享受	中国	-0.21*	1.17	0.13
	美国	-0.63*	1.07	0.14
身心健康	中国	1.00*	0.99	0.11
	美国	0.60*	0.89	0.12

*$p < 0.05$；**$p < 0.01$

在女性被试中，美国被试在"社会关注"（$t = -2.81$, $p = 0.01$）和"自我成长"（$t = -1.07$, $p = 0.29$）两个维度的平均分高于中国被试，其中在"社会关注"维度达到显著水平。中国被试在"关系和谐"（$t = 1.68$, $p = 0.09$）、"生活享受"（$t = 1.86$, $p = 0.067$）和"身心健康"（$t = 1.01$, $p = 0.31$）3个维度的平均分高于美国被试，如表6.10。

表6.10　中美女性被试在CSMIL 5个维度中的平均分差异

维度	国籍	Mean	Std. Deviation	Std. Error Mean
社会关注	中国	-0.82*	1.47	0.17
	美国	-0.23*	1.00	0.12
自我成长	中国	0.42	1.17	0.14
	美国	0.60	0.85	0.10
关系和谐	中国	0.37	1.33	0.16
	美国	0.02	1.10	0.13
生活享受	中国	0.08	1.37	0.16
	美国	-0.29	0.92	0.11
身心健康	中国	1.24	0.81	0.10
	美国	1.11	0.73	0.09

*$p < 0.05$

四 结论与讨论

本研究使用自编 CSMIL 探讨了中美两种文化下人们在生命意义来源中的差异，并进一步对该量表的 5 个维度进行了文化和性别的差异性检验。该量表在这两种文化下都具有良好的内部一致性。

在量表总分上，中国被试与美国被试没有显著差异，总体来说，无论是中国人还是美国人，他们获得的生命意义的来源总量相差不大。尽管如此，在量表 5 个维度上，中美被试还是存在较大差异。除此之外，结果显示了美国被试在"社会关注"和"自我成长"维度显著高于中国被试，而中国被试在"关系和谐"、"生活享受"和"身心健康"维度均显著高于美国被试。这说明相对于中国人，美国更加关注社会（包括对社会的奉献、对国家政治的关注等），关注个人成就、个人的成长以及人生目标的实现。在这 5 个维度中，中国人与美国人差异最大的是"关系和谐"维度（$p < 0.001$）。对于中国人来说，人与人之间的关系（包括个体间、个体与集体间的关系和谐度）更重要，这与杨国枢的观点"中国是关系社会"近于一致。此外，中国人比美国人更注重生活中的"享受"、更看重自己的身心健康。

本研究还检验了两种文化下不同性别的被试生命意义源的差异。尽管所有女性被试在量表总分上显著高于男性，但在中美两种不同文化背景下这种结果还要另当别论。在美国文化下，女性认为来自"社会关注"、"关系和谐"、"生活享受"和"身心健康"等方面的生命意义更为重要，但在中国文化下，男性与女性的这种差异并不明显。

此外，中国男性比美国男性获得更多生命意义的来源，他们比美国男性更看重人与人之间的关系、身心健康以及获得精神与物质的享受。这样的研究结果其实并不意外。在中国传统社会里，"男主外女主内"，夫妻关系是一种上下级的关系，这样的社会角色分配使中国的男性为承担家庭重任而更多的在外处理各种关系，在这个过程中，他们需要有健康的身体做后盾，需要得到他人的尊重与认可，更需要获得一定的物质基础来体现他们在这个社会中的自身价值。然而，在追求自由民主的美国文化下，夫妻关系是一种完全平等的关系，夫妻双方具有平等的义务来承担家庭的责任。简而言之，中国男人比美国男人"活得更累"。

尽管两国女性在获得生命意义的来源总量上差别不大，但美国女性在来自服务社会、关注社会的生命意义多于中国女性。在美国文化下，既然夫妻关系是一种平等的关系，那就无所谓主内主外，因此，相对于中国女性，美国女性更"外向"于关注社会，而在中国文化下，中国女性则更"内向"于关注家庭内部的事务，而把"外交"交给了丈夫。

由于本研究是跨文化研究，研究涉及被试对于李克特量表反映的文化差异，因此，为了保证研究的效度，本研究对原始数据采用标准化的处理方法——使用标准化的数据，从而缩小了两组被试对李克特量表反应度，同时扩大了不同文化间的变异。

尽管本研究在研究内容上有所突破，在数据处理上进行了优化，但仍存在以下问题有待未来研究进行弥补。

其一，在研究内容上，本研究仅仅比较了两国被试的总体差异和性别差异，除此之外，还可以探讨不同年龄段、不同社会地位、职业等人口统计学变量的差异。这些变量对生命意义源是否共同起作用？在两种文化下是否表现一致？有哪些差异，等等。这些问题都有待于进一步探讨。

其二，本研究以大学生人群为被试，具有一定的局限性，影响到研究的效度。正如有学者指出，"有些经验或知识——尤其是像人生意义这样的问题，并不容易在我们的大学生活期间显现出来，只有当我们解决过人生的问题，经历过痛苦和快乐之后，才会切身体会到"。（毛亚庆等，2008：75）

第七章 死亡效应凸显后生命意义源(NVMI-SML)在中美大学生中的差异

一 研究目的

本研究使用 NVMI-SML,探讨在死亡效应凸显(MS)后,中美大学生被试在生命意义来源上的差异。

二 研究方法

(一) 实验对象

实验对象分别来自中国和美国,采用随机方便抽样的方法。中国被试来自中国清华大学及周边高校和研究所,共86名,其中男性被试42名(48.8%),女性被试44名(51.2%);实验组被试48名(55.8%),对照组被试38名(44.2%)。在实验结束后,每位被试获得被试费20元及价值15元的精美小礼品一份。美国被试来自加州大学伯克利分校,共92名,其中男性被试44名(47.8%),女性被试48名(52.2%);实验组被试52名(56.5%),对照组被试40名(43.5%)。被试在进行完实验后获得1个学分。

表 7.1　　　　　　　　中美被试人口统计学变量

国　别	性　别 男	性　别 女	组　别 实验组	组　别 对照组
中国被试	42	44	48	38
美国被试	44	48	52	40

(二) 实验材料

本研究使用的实验材料有知情同意书、生命意义源非言语测量工具、死亡效应凸显（MS）问卷、观看电视问卷、数学题目以及大五人格问卷。所用实验材料均为中英文两个版本。中英文知情同意书均由本书研究者编写。死亡效应启动问卷、观看电视问卷与大五人格问卷是先由本书研究者进行中英文互译后，再请加州大学伯克利分校心理系研究生 1 名美籍华人（精通中英文）博士生与 1 名美籍博士生进行了互译和修订。

1. 知情同意书

鉴于研究的伦理，本研究在进行正式实验之前，向每组被试介绍本研究的目的、内容和进行的程序。并告知被试在任何时候都可以选择退出实验，保证对被试个人隐私及实验获得的资料进行保密等。如附录 M。

2. MS 问卷与观看电视问卷

死亡效应启动问卷涉及自己死亡想法和感受（Rosenblatt, et, al., 1989）（如附录 T），包含两个题目：

（1）请简要描述当您想到自己死亡时候的情绪和情感；

（2）请尽可能具体地并快速写下当自己躯体正在死亡时以及一旦你自己的躯体死亡后你的感受。

观看电视问卷包括两个与观看电视相关的题目：

（1）请您描述当您在观看电视时的情绪和情感；

（2）当您在观看电视时您的躯体状态和您的感受是怎样的？

3. 生命意义源非言语测量工具（NVMI – SML）

见附录 Q 与附录 R。

4. 数学题目

有研究表明，MS 后，需要 5 分钟的延迟过程，因此，本研究使用一组数学题目作为无关任务来完成 MS 的延迟。数学题目共 50 个题目，均为三位数内的加减法。如附录 S。

5. 大五人格问卷

大五人格问卷（Big Five Inentory，BFI）由 John 等修订（2008），共有 44 个题目，包括 5 个维度：外向性（Extraversion）、愉悦性（Agreeableness）、公正严谨性（Conscientiousness）、神经质（Neuroticism）及开放性（Openness）。

（三）实验过程

研究采用 2（文化）×2（情境）的实验设计，被试完成实验的时间在 30 分钟左右。实验由 5 个主要任务组成。研究者在阐明研究背景和填写知情同意书后，首先，对被试进行人格问卷的测试（为了使被试避免对死亡效应启动产生实验效应，在实验开始时由研究者给被试指导语："我们正在进行一项关于在特定情景下人们做出的判断与人格特质的关系的跨文化研究。"）。其次，随机将被试分为两组，一组为实验组，一组为对照组。在实验组，研究者请被试完成死亡效应启动问卷；在对照组，研究者请被试完成观看电视问卷。再次，研究者请被试完成一组数学题目。最后，请被试分别对所给出的生命意义来源的图片进行排序，将他们认为对自己生命最有意义的图片进行由高到低的排序。实验的流程如图 7.1。

（四）数据处理方法

在对图片重要程度排序的原始数据中，被试所写下的是图片中的字母，因此本研究首先对排序次序的数据进行了赋值。排在第一的图片赋值为 11，排在第二的图片赋值为 10，依次类推，排在最

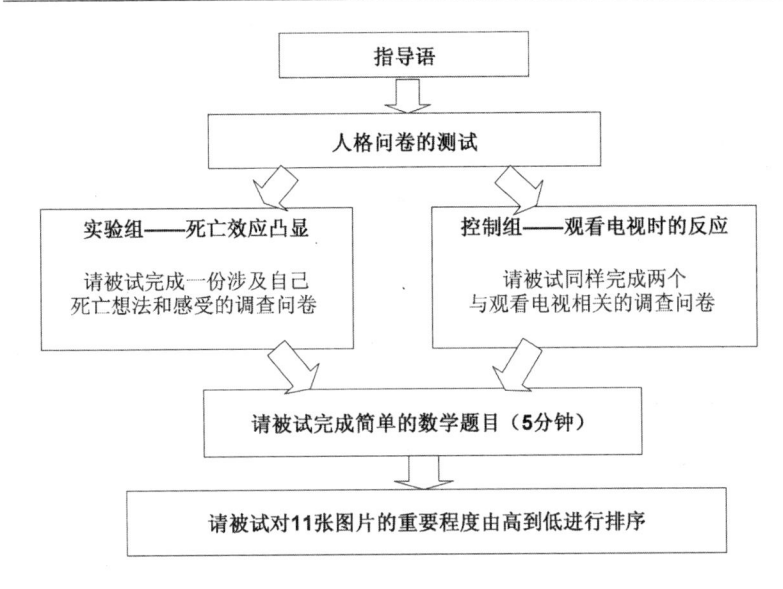

第七章 死亡效应凸显后生命……大学生中的差异　　93

```
                    ┌─────────┐
                    │  指导语  │
                    └────┬────┘
                         ↓
                    ┌─────────────┐
                    │ 人格问卷的测试 │
                    └──┬───────┬──┘
                       ↓       ↓
        ┌──────────────────┐  ┌──────────────────┐
        │实验组——死亡效应凸显│  │控制组——观看电视时的反应│
        │请被试完成一份涉及自己│  │请被试同样完成两个  │
        │死亡想法和感受的调查问卷│ │与观看电视相关的调查问卷│
        └────────┬─────────┘  └────────┬─────────┘
                 ↓                      ↓
              ┌──────────────────────────────┐
              │请被试完成简单的数学题目（5分钟）│
              └──────────────┬───────────────┘
                             ↓
              ┌──────────────────────────────────┐
              │请被试对11张图片的重要程度由高到低进行排序│
              └──────────────────────────────────┘
```

图 7.1　MS 后生命意义源中美跨文化比较的实验流程

后的图片赋值为 1；然后再对图 A 至图 K 的数据进行计算，平均数越大说明该图片排列的位置越靠前。

使用 Excell97 及 SPSS16.0 对数据进行独立样本 T 检验。

三　研究结果

（一）MS 后中美被试在图片 A 至图片 K 的平均分差异

在 MS 后，中美被试在图片 A 至图片 K 上存在显著差异。中国被试在图片 F（亲情）、图片 H（健康）、图片 J（快乐）上的平均分显著高于美国被试，而美国被试则在图片 B（金钱/财富）、图片 E（休闲活动）、图片 G（环保）、图片 K（宗教/信仰）上的平均分显著高于中国被试。如表 7.2。

表 7.2　MS 后中美被试启动在图片 A 至图片 K 的平均分差异

图片编号	图片内容	国籍	平均数	标准差	标准误
A	爱情	中国	8.15	2.53	0.37
		美国	7.12	3.87	0.54

续表

图片编号	图片内容	国籍	平均数	标准差	标准误
B	财富/金钱	中国	3.85**	2.65	0.38
		美国	7.77**	2.97	0.41
C	成就/成功	中国	5.52	2.84	0.41
		美国	6.42	3.27	0.45
D	助人	中国	6.42	2.56	0.37
		美国	6.00	2.95	0.41
E	休闲活动	中国	4.98*	1.98	0.29
		美国	6.31*	3.12	0.43
F	亲情	中国	9.46**	2.04	0.29
		美国	6.62**	2.91	0.40
G	环保	中国	4.44*	2.93	0.42
		美国	6.08*	2.53	0.35
H	健康	中国	6.63*	2.23	0.32
		美国	5.50*	2.60	0.361
I	事业/工作	中国	5.31	2.34	0.34
		美国	4.73	2.61	0.36
J	快乐	中国	8.66**	2.25	0.33
		美国	4.65**	2.42	0.34
K	宗教/信仰	中国	2.65**	2.65	0.38
		美国	4.85**	3.80	0.53

$*p<0.05$；$**p<0.001$

在MS后,中美被试对所有11张图片的排序也存在较大差别。中国被试认为生命意义来源的重要程度,从高到低的排序为F(亲情)、J(快乐)、A(爱情)、H(健康)、D(助人)、C(成就/成功)、I(事业/工作)、E(休闲活动)、G(环保)、B(财富/金钱)、K(宗教/信仰),美国被试的排序：B(财富/金钱)、A(爱情)、C(成就/成功)、F(亲情)、E(休闲活动)、G(环保)、D（助人）、H（健康）、K（宗教/信仰）、I（事业/工作）、J（快乐）。如表7.3。

表7.3 MS后中美被试启动对图片A至图片K的重要程度排序

排列顺序	中国被试的排序 图片编号 图片内容		美国被试的排序 图片编号 图片内容	
1	F	亲情	B	财富/金钱
2	J	快乐	A	爱情
3	A	爱情	C	成就/成功
4	H	健康	F	亲情
5	D	助人	E	休闲活动
6	C	成就/成功	G	环保
7	I	事业/工作	D	助人
8	E	休闲活动	H	健康
9	G	环保	K	宗教/信仰
10	B	财富/金钱	I	事业/工作
11	K	宗教/信仰	J	快乐

（二）MS后中美被试在生命意义源各维度平均分差异

在编制中文生命意义源量表过程发现"宗教/信仰"在中国文化下表现得并不明显，在因子分析中由于载荷较低而被删除，然而以往的研究（主要是西方）已证实"宗教/信仰"是生命意义的来源之一，因此，在分析时，本书研究者将此作为与其他维度平行的一个维度。

MS后，中美被试在生命意义来源的各维度存在显著性差异。其中，中国被试在"关系和谐"、"身心健康"两个维度上的平均分显著高于美国被试，而美国被试则在"生活享受"、"宗教/信仰"上的平均分高于中国被试。如表7.4。

表7.4　MS 后中美被试启动在生命意义源各维度的平均分差异

维度	国籍	Mean	Std. Deviation	Std. Error Mean
社会关注	中国	5.43	2.22	0.32
	美国	6.02	1.89	0.26
自我成长	中国	5.41	1.99	0.29
	美国	5.58	1.94	0.27
关系和谐	中国	8.80**	1.64	0.25
	美国	6.87**	2.33	0.37
生活享受	中国	4.42**	1.64	0.24
	美国	7.04**	2.31	0.32
身心健康	中国	7.65**	1.44	0.21
	美国	5.08**	1.89	0.26
宗教/信仰	中国	2.65**	2.65	0.38
	美国	4.85**	3.80	0.53

**p<0.001

在各维度重要程度的排序上，中美被试也存在较大差异。中国被试对生命意义源各维度的重要程度由高到低的排序为：关系和谐、身心健康、社会关注、自我成长、生活享受、宗教/信仰，而美国被试则为：生活享受、关系和谐、社会关注、自我成长、身心健康、宗教/信仰。如表7.5。

表7.5　MS 后中美被试启动对生命意义源各维度的重要程度

排列顺序	中国被试的排序	美国被试的排序
1	关系和谐	生活享受
2	身心健康	关系和谐
3	社会关注	社会关注
4	自我成长	自我成长
5	生活享受	身心健康
6	宗教/信仰	宗教/信仰

（三）中美被试在实验组和对照组的平均分差异

尽管中国被试和美国被试在其实验组和对照组的差异并不显著，但从结果来看，对于中国被试，在 A（爱情）、D（助人）、E（休闲活动）、F（亲情）、H（健康）、K（宗教/信仰）中，实验组得分高于对照组。如图7.2。

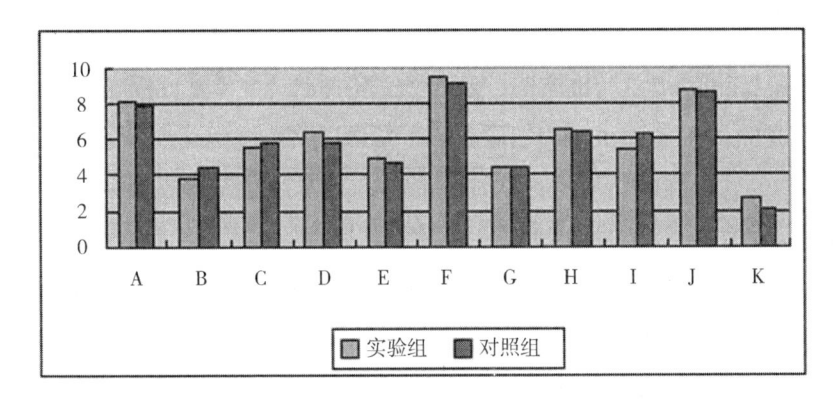

图7.2　中国被试实验组与对照组在图片 A—K 的平均分差异

对于美国被试，在图片 E（休闲活动）、图片 F（亲情）、图片 G（环保）、图片 H（健康）、图片 K（宗教/信仰）中，实验组高于对照组。如图7.3。

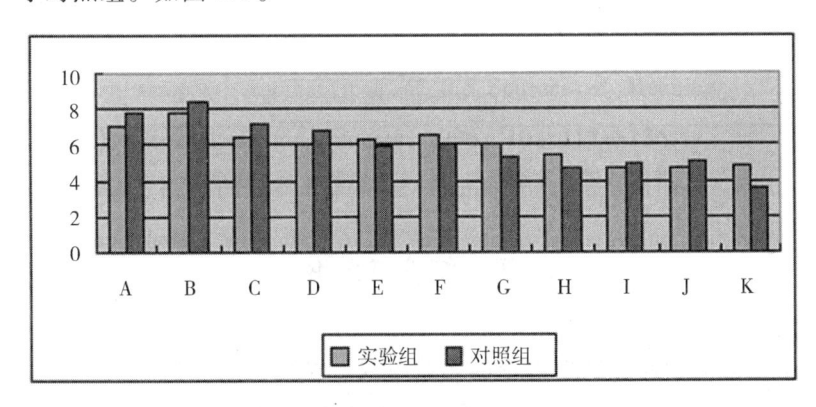

图7.3　美国被试实验组与对照组在图片 A—K 的平均分差异

从生命意义源的各维度上来看，中国被试在"社会关注"、

"关系和谐"、"身心健康"和"宗教/信仰"4个维度的实验组高于对照组。如图7.4。

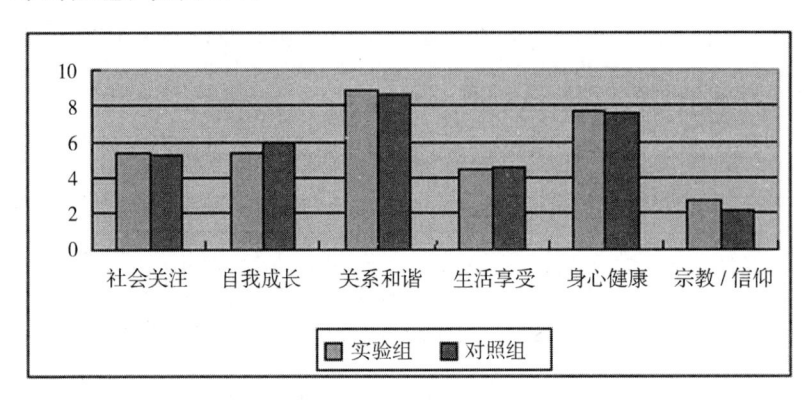

图 7.4 中国被试实验组与对照组在生命意义源各维度的平均分差异

美国被试在"身心健康"和"宗教/信仰"2个维度的实验组高于对照组。如图7.5。

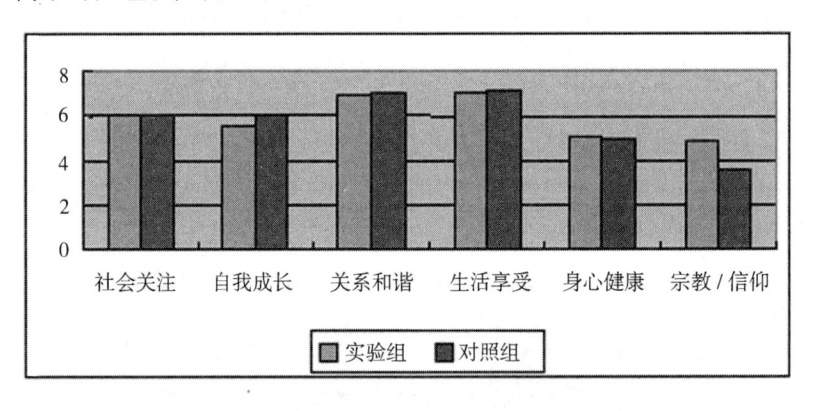

图 7.5 美国被试实验组与对照组在生命意义源各维度的平均分差异

四 结论与讨论

本研究使用TMT理论的实验范式，在死亡效应启动后，使用生命意义源非言语测量工具在中国被试和美国被试间进行了跨文化比较。

研究结果显示，在死亡启动后，中国人认为"亲情"是最重要的；而美国人最看重的是"金钱/财富"以及"休闲活动"。在对各维度的检验中发现，"关系和谐"仍然是中国人心目中最重要的一个维度，而美国人则更看重"精神与物质的享受"。这与最初的假设基本一致。在中国文化下的"亲情"不仅仅体现传统文化中的孝道，也凸显出"重家庭"的观念。在美国文化下，崇尚金钱的"拜金主义"与休闲享受的"实用主义"无不是"个体主义"的一种表现。正如有学者所言："西方人与社会、人与人之间的关系，在实践中还从崇'利'上体现出来，整体而言，就是对物质财富的巨大追求和贪婪"（王玉芝，2006：259）。此言或许有几分偏激，但却反映出美国核心文化的价值观。

中国人讲求"身心健康"。无论使用自编中文生命意义源量表，还是生命意义源非言语测量工具，研究的结果都显示中国人比较看重"身心健康"。然而，美国人在两次测量中的结果不一致，在中文生命意义源量表的测量中，美国被试将其排在第一位，而在非言语测量工具的测量中则排在了最后一位。原因可能在于：其一，文字版与非言语版的测量工具在测量中确实存在差异，而导致结果有所不同。中国人在使用文字版与非言语版测量这一维度时，相对较稳定；而美国人在使用文字版时认为"身心健康"最重要，在真正看到图片时的反应却又不一致。其二，相对美国被试，中国被试认为"身心健康"更重要。这与中国传统文化中人们讲究"养生之道"、关注身心的和谐统一密切相关。

在本研究中，实验组与对照组的差异并不显著。无论是11张图片还是各维度的差异性检验，结果显示实验组和对照组平均分没有显著差异。有三个方面的原因可能会影响到研究结果：第一，样本量的影响。参与实验的中美被试的数量相对较少，影响到结果。第二，生命意义源本身是否需要死亡的启动。在MS的假设前提下，如果实验组与对照组的差异不明显，我们可以认为对于生命意义的来源的认知是一种显意识，而不是潜意识的认知方式，并不需要死亡意识的启动。第三，死亡效应是否启动。TMT理论认为死亡效应启动后，在经过 5 分钟的延迟阶段，被试的死亡意识会凸显，基于这样的假设，本研究并未对死亡意识是否凸显进行检验。尽管该理论的实验范式已在西方文化下经过了数次检验，但在中国文化下是否有启动效应并未有相关的研究结果证实。因此，实验组与对照组差异的不明显有可能是由于实验未产生死亡效应引起的。

尽管在死亡启动后实验组与对照组的差异不显著，但无论中国人还是美国人，在"身心健康"和"宗教/信仰"两个维度上，实验组的平均分均高于对照组。这说明，人们在启动死亡意识后，产生了更多对身心健康以及宗教信仰的需要。

第八章 意义中心教育心理团体对提升大学生心理健康的效果研究

一 团体的理论背景

生命意义是心理健康的一个要素（King, et al., 2006；Ryff, et al., 1998）和一种积极心理建构（Zika, et al., 1992）。许多研究表明，对生命意义的感受与心理功能积极与否密切相关（Bradburn, 1969），当个体感觉生命富有意义时会提升个体的积极情感，如幸福感（Ho, et al., 2010）、生活满意度（Zika, et al., 1992）和希望感（Mascaro, et al., 2005），而个体生命意义的缺失与某些精神疾病高度相关，如无意义感是慢性酒精中毒、低自尊、抑郁、自我认同危机等疾病的重要症状（Yalom, 1980）。

当代大学生正面临许多与生命意义相关的诸多问题。正如Frankl（1962）所言，他们正探寻"为之安身立命的意义"（Nash, et al., 2010：68）。一项研究（DeVogler, et al., 1980）表明，大学生的生命意义包含7个维度，即（1）人际关系，包括家人、朋友和爱人；（2）服务，即一种助人的行为；（3）成长，即获得职位、得到尊重，以及承担责任等；（4）信仰，即跟随个人信仰而活；（5）对自我存在的感知，即表达出快乐以及感受日常生活中的意义；（6）自我表达，即通过如艺术、体育、音乐、写作等来表现自己；（7）理解，比如尽力去获得更多知识。尽管大学生生命意义的维度与其他不同人群对生命意义的分类大致一致（Bar - Tur, et al., 2001），然而，就"人际关系"维度，大学生更注重朋友之间的关系，而不是家庭关系。此外，在一项针对 1171 名中国大学生心理健康的调查中发现，大学生的生命意义感与抑郁、焦虑、人际敏感、强迫、敌意、偏执等心理负向功能存在显著的负相关，其中与抑郁的相关程度最高（Xiao, et al., 2010）。Taliaferro 等学者（2009）的研究发现，具有较高存在感心理特征的美国大学生其自杀意念也相对较低。此外，李虹（2008）的研究显示，自我超越生命意义在大学生压力和心理健康的某些方面，如抑郁、精神健康问题和自尊的关系中具有调节效应。还有一些研究者认为通过团体干预能够增强大学生的积极情感，如生活满意度、自尊和希望感等，从而提升大学生的心理健康水平（何瑾等，2010；Koutra, et al., 2010）。

Bradburn（1969）提出了一个心理健康的二维模型：即积极情感与消极情感。为增强积极情感，降低消极情感，Wong 和 Fry（1998）以"积极意义"为干预目标，发展出"意义中心"的干预模式，即 Meaing - Centered Approach（MCA）。该干预模式是基于 Frankl（1962）的意义治疗（Logo - therapy），并结合积极心理学的核心理念发展起来的积极心理疗法。它不像传统心理学那样聚焦于生命的苦难与局限性，而是以个体生命意义作为核心概念，关注个体"生命值得拥有"的积极心理特征（Wong, 2010）。因此，生命意义的内涵既涉及"拥有生命"，又包含"拓展生命"，这两方面不仅有利于增进身心健康，而且能够减少消极心理事件的发生（Wong, 2012）。

每个人对生命意义的建构是多维度的，我们用毕生的时间和精力去追寻各自建构的生命意义（Nash, et al., 2010）。Baumeister（1991）认为个体通过人生目标、自我价值、自我效能等的实现来获得生命的意义。Wong（2012）将生命意义定义为四个相互联系的要素，即目的、理解、负责的行动以及评估。目的是动机要素，包含个体的目标、方向、激励客体、价值观、抱负以及任务等；理解是认知要素，包含个体内在一致感，对所处情境的感同身受、对自我和他人的认同以及有效交流等；负责的行动是行为要素，包含恰当的行为与反应、符合道德的行为，正确的问题处理方法以及对行为的修正等；评估是情感要素，指对个人境况或整体生活状况满意或不满意程度的评估。

MCA 是一种教育心理干预方法，它使用特定的策略和技巧促成来访者的改变，并对其变化过程进行解释（Wong, 2012）。与此同时，MCA 的干预过程也是来访者新的行为学习过程。因为在这个过程中，他们学会了如何以新的视角看待生命，也学会了如何建立新的生活方式。一旦来访者掌握了这些方法与策略，他们就能够将这些方法与策略有效地运用到真实生活情境中去。

不难看出，MCA 在理论上已被较好地进行了阐释。然而，几乎鲜有研究者通过实证的方法来检验它的有效性。因此，本子研究以 MCA 为理论基础，结合生命意义源的理论结构和生命意义源非言语测量工具 NVMI – SML 的内容设计教育心理团体干预方案，并使用生命意义源 CSMIL 验证该团体方案对提升积极生命意义和大学生心理健康的效果。

二 研究方法

（一）研究对象

所有大学生被试均来自上海某高校。其中 53 名被试通过相关学院或心理咨询中心招募，其余 36 名被试则通过网上邮件或张贴海报形式招募。因此，89 名大学生进入初步筛查阶段。最终，66 名被试签订了知情同意书，并完成了团体干预前的心理测试，其中男生 45.5%，女生 54.5%。他们的年龄在 18—23 岁之间，平均年龄为 22.15 岁（SD = 1.02）。在每次小组结束时，每位被试获得

15 元人民币的酬金。

(二) 研究过程

教育心理团体由笔者带领。通过随机分配实验组与对照组的方法对团体有效性进行评估。首先，66 名被试被随机分配到实验组（34 名被试，16 名男生和 18 名女生）和对照组（32 名被试，14 名男生和 18 名女生）。其次，实验组又被平均分为两个亚组，每组 17 名学生，各包括 8 名男生和 9 名女生。最后，实验组的两个亚组在同一天的不同时间接受为期 9 周、每周一次的团体干预。每次团体活动时间为 2—2.5 小时。对照组不实施干预。实验组与对照组都接受了前测（Time1）、后测（Time2）以及三个月后的跟踪测试（Time3）。此外，实验组在干预后还完成了团体动力评估。

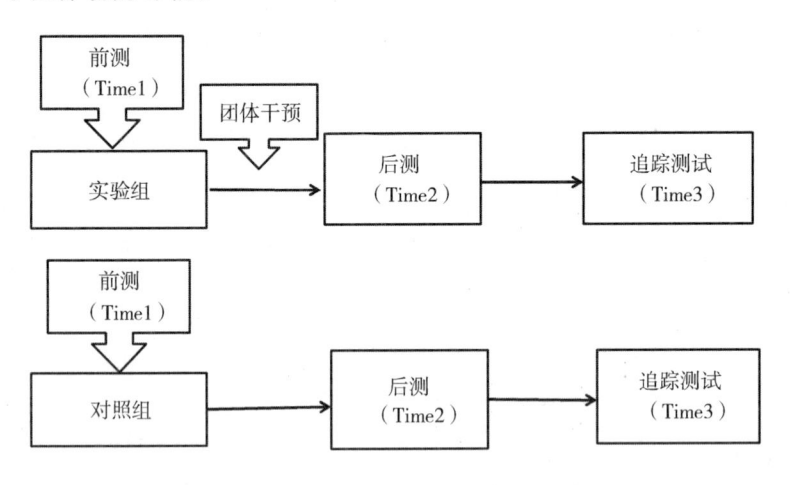

图 8.1　团体干预研究设计与技术路线图

(三) 测量工具

使用"一般健康问卷"（General Health Questionaires, GHQ; Huppert, 等, 1989）与"Rosenberg 自尊量表"（Self - Esteem Scale, SES; Rosenberg, 1965）作为团体成员心理健康水平的评量工具。量表常用以测量大学生群体心理健康水平（Crocker 等,

1994；Morrison 等，2005）。由于积极生命意义是心理健康一个重要指标，因此，在本子研究中亦被作为因变量。生命意义所包含的生命意义感和生命意义源，分别由生命意义问卷（Steger 等，2006）和中文生命意义源量表 SMIL－C 进行测量。除此之外，为了更好理解团体动力是如何运作的，实验组被试在后测中还完成了有关团体动力的自我报告。

一般健康问卷（GHQ—20）。本子研究中使用了 20 个条目的中文版一般健康问卷（GHQ—20；李虹等，2002）。该问卷由 GHQ—30（Huppert 等，1989）发展而来。问卷包含 3 个分量表，即忧虑、焦虑和自我肯定，2 点计分；0 代表不同意；1 代表同意。李虹等（2002）报告了总量表 Cronbacα 系数为 0.77，3 个分量表分别为 0.60，0.66 和 0.70。

Rosenberg 自尊量表（SES）。由 Rosenberg 编制（Rosenberg，1965；汪向东，王希林，马弘等，1999），共 10 个条目，4 级评分，非常分数越高表明自我价值和自我接纳的程度越高。在 Rosenberg 的研究中，量表重测信度为 0.92，Cronbach α 系数为 0.72。

生命意义问卷（Meaning in Life Questionnaire，MLQ）。量表由 Steger 等（2006）编制，包括存在的意义与追寻意义。MLQ 共有 10 个条目，评分从 7—1 表示完全不正确到完全正确。分数越高表示个体生命意义的感觉越强。Steger 报告了该量表的 Cronbach α 系数为 0.89，两个分量表分别是 0.85 和 0.88。该量表已被用于测试大学生群体的生命意义感（王和戴，2011）。

中国生命意义源量表（Chinese Sources of Meaning in Life Scale，CSMIL）由 30 个条目组成，包括社会关注、个人成长、关系和谐、生活享受以及身心健康 5 个维度。量表 7 点评分，从 1—7 表示完全没意义到非常有意义。分数越高，表示生命意义的来源越多。量表的 Cronbach α 系数是 0.94。

自我报告团体动力评估问卷。为评估团体成员在接受团体干预后对团体气氛、团体过程和团体辅导内容的满意程度，我们发展了团体动力相关的 19 个条目的自我报告问卷。团体成员选择 0 表示不同意，选择 1 表示同意。

由于定量研究团体被试数量的局限性，我们同时也收集了定性研究的相关资料用以证实团体干预的可行性和有效性。实验组的 34 名被试在接受最后一次团体干预结束后，回答了两个问题：(1) 与你参加这个团体之前相比，你在参加团体后有什么改变/变化？(2) 请你对团体动力，比如团体的气氛，团体的内容以及你经历的团体过程进行评价。

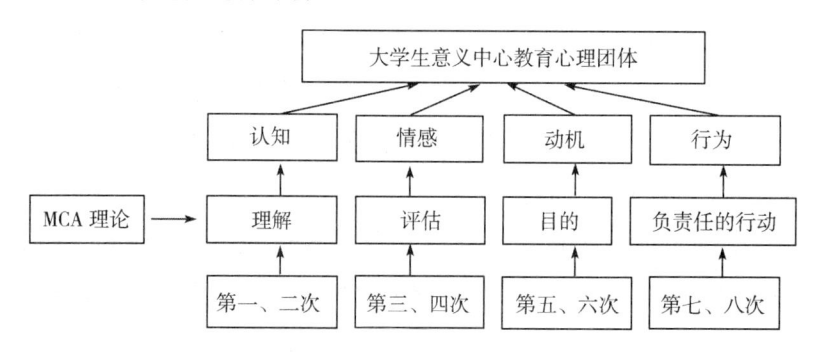

```
                    大学生意义中心教育心理团体
                    ↑      ↑      ↑      ↑
                  认知    情感    动机    行为
                    ↑      ↑      ↑      ↑
  MCA 理论 →      理解    评估    目的   负责任的行动
                    ↑      ↑      ↑      ↑
                 第一、二次 第三、四次 第五、六次 第七、八次
```

图 8.2　大学生意义中心团体干预方案理论结构

（四）干预方案

基于 Yalom（1975）团体过程发展的观点，将小组划分为 4 个阶段，即形成期（第 1 节），过渡期（第 2 节），工作期（第 3—8 节）以及结束期（第 9 节）。在团体活动设计上，强调团体成员对生命意义的启发、反思与体验。正如 Wong（2012）所提及一些策略可以用在每节活动中，如描述生命中消极的经历，学会辨识和挑战非理性信念以及挖掘出那些被遗忘的生命中的积极体验。最终，我们发展了 9 次团体计划，用于实验组的团体干预。除第一节是破冰和热身活动外，其余每节在内容设计上都贯彻了 MCA 的 4 个要素，即认知、情感、动机与行为，如图 8.2。团体目标是通过降低团体成员的负向情感、增强正向情感、学会获得意义的方法等来提升他们的积极意义与心理健康水平。具体内容如表 8.1：

表 8.1　　　　　　　大学生中心教育心理团体干预方案

	名　称	目　的	团体过程
1	相识你我	帮助团体成员相互认识，增强团体的凝聚力，制定团体契约	1. 破冰活动：滚雪球 2. 破冰活动：捉虫虫 3. 主题活动：知多一点点 4. 主题活动：相约团体
2	生命的清单	通过团体成员讲述其生命中经历的事件，让他们反思这些事件带给他们成长与生命的意义	1. 破冰活动：猜猜我是谁 2. 主题活动：生命的清单 3. 主题活动：人生告别会（角色扮演） 4. 结束活动：通力搭高塔
3	理解"自我"	理解自我的概念，以及它与文化、生命意义的关系	1. 破冰活动：寻找奥巴马 2. 主题活动：时光隧道中的"我"（绘画） 3. 小型演讲：自我、文化与生命的意义 4. 结束活动：人生连接点（视频观看）
4	情绪情感的"意义"	了解什么是正向与负向情绪与情感，这些情绪与情感如何影响我们的日常生活；练习将负向情绪情感转换为正向的情感与动机	1. 破冰活动：解开千千结 2. 主题活动：情感温度计 3. 主题活动：Ellis 的情绪 ABC
5	为人生喝彩	分享积极的生活观念，分享对自己生命新的理解	1. 破冰活动：风中草 2. 主题活动：为人生喝彩 3. 结束活动：松鼠与大树

续表

	名称	目的	团体过程
6	Frankl 的意义人生路	使团体成员认识到在任何的情境中都能够发掘出积极的意义，学习从过往的"失利"和"失意"中寻找积极的意义	1. 破冰活动：成长三部曲 2. 小型演讲：Frankl 的意义人生路 3. 主题活动：重述我的人生故事 4. 结束活动：Frankl 语录
7	寻出我的意义	让团体成员了解生命意义的来源，练习获得意义寻找与获得意义的方法与技巧	1. 破冰活动：衣夹大战 2. 主题活动：意义大爆炸（头脑风暴） 3. 主题活动：意义大排序 4. 小型演讲：我们的生命意义来自哪里？
8	感恩生命	在人生的悲喜中学着去感恩生命，练习感恩的方法，发现生活中那些被隐藏的积极力量和被遗忘的积极方面	1. 破冰活动：说出你的优点 2. 主题活动：学会感恩 3. 主题活动：发现身边的自己 4. 结束活动：感恩的心
9	扬起意义的风帆	发展出自己追寻意义的计划，并制定具体的行动目标	1. 破冰活动：我的人生梦想 2. 主题活动：扬起人生意义的风帆 3. 团体活动视频总结：团体中的快乐时光 4. 团体后测

三　研究结果

（一）量化研究结果

实验组与对照组在前测、后测和跟踪测试的平均分描述性统计结果，如表 8.2。

表 8.2　两组被试在前后测及追踪测试的描述性统计

	实验组（$n=34$）			对照组（$n=32$）		
	前测	后测	追踪	前测	后测	追踪
	M(SD)	M(SD)	M(SD)	M(SD)	M(SD)	M(SD)
心理健康						
GHQ—20 总分	1.35(0.09)	1.68(0.11)	1.56(0.16)	1.34(0.29)	1.33(0.19)	1.36(0.74)
忧郁分量表	1.46(0.18)	1.76(0.18)	1.64(0.19)	1.56(0.28)	1.52(0.37)	1.48(0.40)
焦虑分量表	1.38(0.19)	1.62(0.15)	1.45(0.38)	1.34(0.37)	1.31(0.35)	1.38(0.19)
自我肯定分量表	1.21(0.14)	1.68(0.19)	1.60(0.62)	1.13(0.35)	1.20(0.24)	1.22(0.63)
SES 总分	2.92(0.28)	3.35(0.33)	3.14(0.31)	2.94(0.46)	3.07(0.24)	3.10(0.42)
积极意义						
MLQ 总分	4.26(0.55)	5.81(0.59)	5.51(0.51)	4.13(0.97)	4.39(0.60)	4.37(0.89)
存在意义分量表	4.25(0.49)	5.68(0.69)	5.25(0.50)	4.25(1.22)	4.31(0.74)	4.47(0.58)
意义追寻分量表	4.26(0.62)	5.95(0.67)	5.77(0.62)	4.01(0.84)	4.48(0.65)	4.27(0.57)
CSMIL 总分	4.36(0.55)	5.70(0.59)	5.30(0.51)	4.26(0.97)	4.35(0.60)	4.46(0.89)
社会关注分量表	4.12(0.62)	5.35(0.69)	5.22(0.50)	4.33(0.84)	4.25(0.74)	4.11(0.58)
自我成长分量表	4.48(0.49)	5.78(0.67)	5.70(0.62)	4.19(1.09)	4.20(0.65)	4.34(0.57)
关系和谐分量表	4.42(0.55)	5.81(0.59)	5.69(0.51)	4.22(0.97)	4.18(0.60)	4.38(0.89)
生活享受分量表	4.27(0.49)	4.98(0.69)	4.82(0.50)	4.30(1.12)	4.55(0.74)	4.90(0.58)
身心健康分量表	4.51(0.62)	5.58(0.67)	4.97(0.62)	4.27(0.84)	4.45(0.65)	4.61(0.57)

Note: GHQ = General Health Questionnaire, SES = Self-Esteem Scale, MLQ = Meaning in Life Questionnaire, CSMIL = Chinese Sources of Meaning in Life Scale.

以测量时间（前测、后测）为组内变量，组别（实验组、对照组）为组间变量；分别以 GHQ—20 总分及各分量表得分、SES 总分、MLQ 总分及各分量表得分以及 CSMIL 总分及各分量表得分为因变量，进行重复测量方差 ANOVA 分析。表 8.3 的结果显示，测量时间（前测、追踪测试）×组别（实验组、对照组）的交互作用在 GHQ—20 总分及各分量表得分、SES 总分、MLQ 总分及各分量表得分、CSMIL 总分以及除"生活享受"分量表外的各分量表得分上显著。实验组在这些维度上的前后测差异大于对照组。由于测量时间×组别存在显著的交互效应，在测量时间的 2 个水平上对组别进行简单效应分析。结果显示，实验组与对照组前测在各量表得分无显著差异，而两组后测除"生活享受"分量表外的各量表得分均存在显著差异。

表 8.3　　重复测量方差分析、两组被试在实验处理前后测及追踪测试的 t 检验

	Times1 vs. 2 $F1$ (1, 42)	Times 1 vs. 3 $F2$ (1, 36)	Time 1 $t1$ (38)	Time 2 $t2$ (40)	Time 3 $t3$ (39)
心理健康					
GHQ—20 总分	5.69*	4.81*	0.86	3.27**	2.11*
忧郁分量表	4.11*	3.49*	−1.02	2.72**	2.48**
焦虑分量表	3.97*	1.87	0.89	2.78**	0.83
自我肯定分量表	8.25**	7.92**	1.03	4.63***	4.09**
SES 总分	4.53*	2.43	−0.73	3.82**	0.92
积极意义					
MLQ 总分	7.35**	6.53*	0.51	3.86**	3.04**
存在意义分量表	5.05*	2.88	0.05	2.65**	1.12
意义追寻分量表	10.02**	8.35**	1.10	4.68***	4.82***
CSMIL 总分	3.72*	3.57*	0.33	2.54**	2.11*
社会关注分量表	4.38*	3.02*	−0.45	2.88**	2.66**
自我成长分量表	4.42*	4.29*	1.14	3.42**	3.01**

续表

	Times 1 vs. 2 $F1\ (1,\ 42)$	Times 1 vs. 3 $F2\ (1,\ 36)$	Time 1 $t1\ (38)$	Time 2 $t2\ (40)$	Time 3 $t3\ (39)$
积极意义					
关系和谐分量表	4.83**	3.72*	0.44	3.75**	2.91**
生活享受分量表	2.51	2.22	-0.07	1.58	0.56
身心健康分量表	3.03*	1.95	0.84	2.09*	0.93

Note: $*p<0.05$；$**p<0.01$；$***p<0.001$。Time 1 = 前测；Time 2 = 后测；Time 3 = 追踪测试。F1 为测量时间（前测、后测）×组别（实验组、对照组）交互作用的 F 值；F2 为测量时间（前测、追踪测试）×组别（实验组、对照组）交互作用的 F 值。t1 为实验组与对照组前测 t 检验；t2 为实验组与对照组后测 t 检验；t3 为实验组与对照组追踪测试的 t 检验。

以测量时间（前测、追踪测试）为组内变量，组别（实验组、对照组）为组间变量；分别以 GHQ—20 总分及各分量表得分、SES 总分、MLQ 总分及各分量表得分以及 CSMIL 总分及各分量表得分为因变量，进行重复测量方差 ANOVA 分析。表 8.3 的结果显示，测量时间（前测、追踪测试）×组别（实验组、对照组）的交互作用在除"自尊"量表总分、"焦虑"、"存在意义"、"生活享受"和"身心健康"分量表外的各量表总分及分量表得分上显著。实验组在这些维度上的前后测差异大于对照组。同时，在测量时间的 2 个水平上对组别进行简单效应分析。结果显示，实验组与对照组追踪测试在除"自尊"量表总分、"焦虑"、"存在意义"、"生活享受"以及"身心健康"分量表外的各量表总分及分量表得分上显著。

"团体动力"自我报告问卷结果显示，实验组成员对团体气氛、过程和内容较为满意（见表 8.4）。

表 8.4　　团体实验组成员对团体的满意程度（$n=34$）

团体动力评价的维度					
团体气氛		团体过程		团体内容	
描述	百分数	描述	百分数	描述	百分数
温馨的	100	参与式的	93.75	有帮助的	90.63
友善的	93.75	渐进的	90.63	有趣的	93.75
支持性的	100	有条理的	90.63	合适的	100
可信任的	93.75	有目的的	87.50	有价值的	90.63
放松的	93.75				
尊重的	90.63				
被接受的	93.75				
开放的	90.63				
安全的	90.63				
自由的	87.50				

（二）质性访谈研究结果

在实验组中，有 28 位团体成员同意参与干预后的质性访谈。在对访谈内容分析后，我们发现团体成员在参加团体前后有普遍的正向改变。具体表现在以下几个方面。

（1）体验积极情感与正向认知

一位学生谈道："在参加团体之后，我发现我收获了许多快乐。太神奇了！我们在团体欢乐气氛和团体活动中思考生命的意义。每周我们都会分享参加团体活动后的感受。这样的团体活动使我乐于在其中表达自己。"此外，还有一些学生说，参加团体后他们变得更加乐观，"当我面对学习和生活中的挑战时，这个团体常常会帮助我找到很多解决问题的积极方法"。

（2）提升自尊与自信

有些团体成员提到，团体带给他们最重要的成长就是在其他团体成员面前敢于表达自己的能力提升了。例如："我的朋友们告诉我，我在参与集体活动时比以前更加随和和积极。""渐渐地，我发现我改变了很多，我不再是一个害怕在众人面前讲话的孩子，而变得更健谈了。"

(3) 获得积极生命意义与人生目标

大多数团体成员认为，他们在团体中找到了积极的生命意义，明晰了校园生活的目标。比如："生命的意义存在于我们每天的生活中。尽管，我们生活中会碰到困难与苦痛，但它却带给我们更加积极的意义，这就是我们真实的生活。"另外一位团体成员说："通过这些轻松的团体活动，现在我意识到了自己生命的意义所在。生命的意义不是空洞的信念，我学会了如何去欣赏我生命中的每一个重要时刻。"还有一些团体成员讲道，"我们几乎每周一起讨论生命的意义，这使得我的生活目标逐渐清晰。我学会了用更成熟的方法来处理问题。""在每次团体活动中，我体会到了许多生命中积极的意义，对自己的未来充满希望。作为团体一员的我，伴随着每次团体活动的开展，也在不断获得自我成长。"

(4) 感恩生命

许多组员在参加完团体后认为，他们应该学会感谢自己的家人、朋友和他们生命中的所有。例如，有团体成员说："在我生命中有许多帮助过我的人。我应该学会用爱心回报他们，学会表达对他们的感谢与感恩"，"在感恩主题那节活动结束之后，我给爸妈打电话的次数明显增加了。我希望得到关于他们更多的消息，也让他们知道我很关心他们。这段经历已经成为我生命意义的重要组成部分。"

(5) 肩负起生命的责任

团体成员们说，他们学会了对自己的生命负责、学会了珍爱生命、学会了活在当下。一名团体成员说，"这个团体帮助我思考生命的价值和意义，我现在开始学会如何享受我的生活。在我们每周的聚会中，我意识到我们不仅要对他人负责，更要为自己负责……我不仅要对自己负责，而且也要给他人带来快乐……在我与新朋友交谈、与大家一起作画、一起做活动过程中，我感觉到我的心智逐渐成熟起来。这些心理上的转变是我最大的收获与成长。"另一名团体成员说道："生命是脆弱和短暂的，当我们拥有它的时候，有时会忽视身体的健康和很多想要做的事情。我想，我会珍爱自己的健康。力图在有生之年完成那些自己所未完成的有意义的事情。"

团体结束后，我们对几位成员进行访谈，询问他们参与团体的感受。他们均提到参与团体活动获得了很多积极情感的体验，比如，他们认为团体气氛是友好的（95%）、轻松的（88%）、自由的（85%），团体内容是有趣（78%）的和有意义的（81%）。此外，62%的团体成员认为团体活动在设计上体现了循序渐进的原则，比如，一名成员谈道："我觉得团体活动既是连贯的，也是发展的。前几次团体活动中，我获得了对生命意义的积极体验，随着后续几次活动的开展，我对生命意义的认识也慢慢发生了转变。在团体结束时，我所认识到的生命意义不再是抽象的概念，而是包含了许多具体的内容。"

四 结论与讨论

正如我们所预期的，实验组大学生在接受9次团体干预后其心理健康水平有所提升，他们报告获得更多生命意义的积极体验。与此同时，他们也报告了对团体动力的满意。目前国内，很少有关于提升大学生积极生命意义的实证研究。因此，在本子研究中，设计出了一系列以意义为中心的团体辅导活动，聚焦于意义的获得和意义的追寻，以帮助大学生获得积极的情感体验。研究结果表明，团体心理干预能够显著降低大学生抑郁与焦虑水平，同时，也提升了他们的内部一致感和自尊。正如Wong（2012）所阐述的"意义的追寻与建构将促成个体心理功能改变的动机"。此外，我们的研究发现，与现有几项基于身心发展（Deckro等，2002）、积极心理学（何瑾，樊富珉，2010）、认知行为（Koutra等，2010）以及人际互动（Byrne，Bond 和 London，2013）等理论发展出的大学生团体干预研究结果亦是相一致的。

本子研究在"积极意义提升"方面扩展了先前的研究（Applebaum 等，2012；Breitbart 等，2010；Nicholson，Belcastro 和 Duncan，1989）。比如，尽管 Breitbart 等学者（2010）认为接受他们意义中心疗法的团体成员的意义感有了很大提升，但他们并没有在团体中探索个体的生命意义源的变化，而生命意义源亦是"积极生命意义"的一个重要评价指标（Baum 和 Stewart，1990；De Vogler 和 Ebersole，1980）。我们不仅使用了 MLQ，而且还使用了 CSMIL 来检验中国大学生群体的团体干预有效性。中国大学生的生命意义来自于对社会的关注、个人成长、和谐的关系、享受生活以及身心健康 5 个维度。团体的第六次和第七次活动根据生命意义源理论结构与 NVMI-SML 量表内容设计活动内容来帮助团体成员理解他们生命意义从何而来。正如我们所预料的，MCA 团体发挥出了教育的功能，提升了团体成员对生命意义这一概念的理解。随着团体活动的参与和团体的逐步发展，团体成员开始意识到了自己生命意义的来源。而这一结论在除 LE 外的 CSMIL 各维度以及 CSMIL 总分上能够体现出来。

综上所述，尽管本研究还是一种探索性的研究，但我们发展出的具有创新性的意义中心教育心理团体取得了较好的成效，这也为大学生心理健康水平的提升和积极生命意义的获得向前跨越了重要的一步。

第九章 总　结

一　研究结论

（一）生命意义源的结构——"中国文化凸显身心健康"

本文通过扎根理论的定性研究方法并结合因素分析的定量研究方法获得了5个维度的生命意义来源，主要表现在：社会关注、自我成长、关系和谐、生活享受以及身心健康。组成这些来源的题目在很大程度上反映出"中国元素"，如"孝敬父母"、"养育子女""有良好的人际关系"等。

在以往的研究中，有研究者通过定性研究获得"健康"的维度，但在现有生命意义来源的测量工具中并未见有"身心健康"这一维度。从中美跨文化的两个研究结果来看，中国人将"身心健康"排在前两位，且中国人在这一维度上的平均分显著高于美国人，因此，无论CSMIL还是NVMI-SML在对生命意义源的测量中均凸显"身心健康"在中国文化下的重要性。

（二）生命意义源的测量工具——"言语与非言语，孰是孰非？"

本文编制了CSMIL，在此基础上又结合SOMP-R开发了用于跨文化研究的生命意义源非言语测量工具（NVMI-SML）。

CSMIL共30个题目，包括社会关注、自我成长、社会关注、关系和谐、生活享受以及身心健康5个维度。量表采用7点计分的

第九章　总　结

方法，总分从 30 到 210，分数越高表示个体获得的生命意义来源越多。经过信度和效度的检验，该量表达到了心理测量学指标的要求。

NVMI-SML 共由 22 张图片组成，中国文化和美国文化各 11 张图片，包括爱情、财富/金钱、成就/成功、助人、休闲活动、亲情、环保、健康、事业/工作、快乐、宗教/信仰 11 个主题，并分别归属于社会关注、自我成长、社会关注、关系和谐、生活享受、身心健康以及宗教/信仰 7 个维度中。该量表经过信效度检验，达到了心理测量学指标的要求。

由于 NVMI-SML 在内容上很大程度来源于 CSMIL 的题目，在测量中，为了避免测量内容的相互影响，本文并未设计对中美被试在同一时间内使用这两种不同的测量工具进行测量的研究。因而，无法比较横向测量结果，但就两次跨文化比较的研究中发现，中美被试在使用文字版与非言语版的生命意义测量的结果有不尽一致的地方。如上文提到的对"身心健康"维度的测量中，中国被试与美国被试对其重要程度排序不一致，研究者认为是测量工具的不同是其主要原因。

CSMIL 的编制基于中国文化情境，该量表的题目具有"中国元素"和中国特色，但使用该量表在美国文化下施测，其结果难免有所偏差，因此 CSMIL 在用于跨文化研究时有所局限。因为文字本身具有很强的文化性。文字是概念的载体，概念则是在人们长期的社会生产活动中产生、发展，并逐渐"约定俗成"的，因此，概念的内涵和外延都有很强的文化特征。作为概念表述的文字同样具有文化特性，实际上，某一国家、某一地区的文字形成和使用差异很大，文字的发展很大程度上可以折射文化的历程。因此，"词"与"物"的对应必然要置于具体的文化情境。

NVMI-SML 的开发则基于中美共有的文化情境，在某种程度上可以减少文化差异对人们获取相应概念的影响，即不同文化背景的人可以获得相对一致的图像认知。因此,使用图片形式的非言语的测量方法更适合用于中美跨文化情境的测量及相关研究。比如,中美被试在使用 CSMIL 中,对量表 5 个维度的重要程度排序上差别不明显,但在使用非言语测量工具时却有显著差别。在非言语测量中,中国被试将"关系和谐"(亲情)排在首位,而美国被试则把"生活享受"(金钱/财富)排在首位。从结果中可以看出,在 CSMIL 的测试中,被试仅通过文字来判断排序的结果无法印证本文的假设,而通过 NVMI – SML 的图片形式的测量,被试作出的判断与本文的假设基本一致。

(三) 中美生命意义源的比较——"关系中心 VS 个体中心"

本文经过中美跨文化比较研究发现,在人们生命意义的来源上,中国人倾向于"关系中心",而美国人倾向于"个体中心"。

中国人的"关系中心"主要表现在重"家庭关系"与"人际之间的和谐关系"。正如林语堂(1976:90)所言:"人生真正的目的,中国人以一种单纯而简明的态度决定了,它存在于乐天知名以享受朴素的生活,尤其是家庭生活与和谐的社会关系。"中国本土心理学家杨国枢(2004:113)认为中国人的社会取向有四个特征或内涵,即家族取向、关系取向、权威取向以及他人取向。家族取向表现在"个体如何配合团体",关系取向表现在"个体如何配合个体"、权威取向表现在"个体如何配合权威"、他人取向表现在"自己如何配合他人"。这四种取向构成了中国人生活圈中的主要社会环境和网络。从这四种不同的社会取向中不难看出,无论是哪种取向都凸显出中国人游走于人与人之间的关系中。

与此不同的是,美国人的"个体中心"主要表现在对"金钱财富"的需要以及对"休闲活动"的享受中。功利主义已经渗透在美国文化的血液之中,对于金钱和财富的需求则是功利主义最突出的表现。追求财富的价值观是驱动美国社会发展的主要动力

(张友香，2007)。"休闲活动"则是应对美国人"讲求效率、讲求准时，及希望事业成功（林语堂，2006：173）"的忙碌人生的一种反向需求。梁漱溟（1979：41）先生在其《东西文化及其哲学》中也认为，"西方社会与我们不同所在这'个性伸展与社会性发达'八个字足以尽之不能复外……"

本文从对中美生命意义来源的比较结果中还发现：

(1) 宗教在中西方文化中的地位有所不同。宗教在美国文化下以一种外显的方式呈现，而中国文化下却以内隐的方式呈现。

有研究显示，宗教为个体提供了一种经历和获得意义的方法（Emmons, et al., 2003）。当个体面临挫折时，宗教也可以作为意义的获得系统，使个体的意义不断恢复（如，Mattis, 2002；Park, 2005）。从本文的研究结果来看，无论是中国被试还是美国被试，在死亡效应启动后，实验组被试的平均分在"宗教/信仰"维度上高于对照组。这说明，在面对死亡威胁时，无论是美国人还是中国人都会寻求宗教的帮助以应对死亡的恐惧。

在 CSMIL 编制过程，关于"宗教/信仰"的题目在初试问卷中出现，但在因素分析时由于载荷量小于 0.40 而被删除。尽管如此，在中国文化下，民间形式的宗教以及作为中国传统文化根基的儒教常常游离于寺庙、教堂，潜移默化在中国人的内心深处。然而，在西方文化中，宗教关注的是人的超越与拯救。人们将宗教的蕴含寄托于教堂的礼拜中。那些每周经常参与宗教活动的个体比参加频率少的个体生命意义感高（Francis, et al., 2008）。人们可以从参加各种宗教活动，如服务、冥想、诵读等中获得更多的生命意义，从而提高了他们对生命和自我的积极认识（Steger, et al., 2005）。

(2) 中国人缺乏"公共精神"。从研究 3 的结果中发现，中国被试在"社会关注"维度上的平均分显著低于美国被试，在研究 5 中，尽管中美被试在这一维度没有显著差异，但在对每张图片的差异性检验中发现，美国被试在"环保"这一图片的平均分显著高于中国被试，从结果中不难体现出中国人对"公共精神（公共精神与公共意识、社会服务含义相同）（林语堂，1976：153）"的缺乏。究其原因，一方面，由于"家族制度是中国社会的根底，中国的一切社会特性无不出自此家族制度。从家族制度中产生了家族观念，更从家族观念中产生社会行为的某项法规（林语堂，1976：154）"。因此，中国人"系心与各自的家庭而不知有社会，此种只顾效忠家族的心理实际为扩大的自私心理（林语堂，1976：154）"。这一文化现象也印证了中国人"各人自扫门前雪，莫管他人瓦上霜"的心理。

另一方面，西方人的伦理思想道德观念有别于中国人。"西方人极重于对于社会的道德就是公德，而中国人差不多不讲，所讲的都是人对人的道德，就是私德。西方人所说对于家庭怎样，对于社会怎样，对于国家怎样，对于世界怎样都为他的生活不但是这个人对那个人的关系而重在个人对于社会大家的关系。中国人将五伦，君臣怎样，父子怎样，夫妻怎样，兄弟怎样，朋友怎样，都是他的生活单是这人对那人的关系，没有什么个人对社会大家的关系（梁漱溟，1979：41）。"

总而言之，对于生命意义的来源确因文化模式的不同而存在差异。这些来源的差异，一方面，体现了不同文化下，对自我的认识不同而产生了不同的人生价值观；另一方面，源于不同文化的历史根基。从某种意义上说，不同文化的历史根基造就了不同的人生价值观，使得意义来源各有所倾。"西方文化是以意欲向前要求为根本精神"，而"中国文化是以意欲自为调和持中为期根本精神"。（梁漱溟，1979：55）。在这样的文化历史背景下，中国人生命意义的来源多围绕着人与人之间的和谐关系，而美国人则倾向于从自我利益、追求个人主义中获得更多的意义。

（四）教育心理团体干预效果研究结论（见第八章研究结论部分）

二 研究的创新与不足

(一) 研究的创新

本研究的理论突破表现在以下两个方面：其一，CSMIL 在结构上突出了中国文化下注重"身心健康"的内容；其二，结合中西文化情境开发的 NVMI–SML 具有 7 个维度，即社会关注、自我成长、社会关注、关系和谐、生活享受、身心健康以及宗教/信仰。

NVMI–SML 的开发过程在跨文化测量上是一种积极的尝试。该量表将图片形式的非言语测量方法使用到跨文化情境的研究中，图片具有直观、简便等特点，使跨文化测量更加有效。

MAC 的意义中心的理念结合生命意义源理论结构以及本研究 CSMIL 和 NVMI–SML 所设计的教育心理团体辅导的方案，为积极心理治疗的理论与实践向前迈进了一步。

(二) 研究的不足

"始生之物，其形必丑。"尽管 NVMI–SML 的开发在跨文化测量中有所突破，跨文化比较也有新的发现，但仍存在一些不足和局限。首先，该量表中国版与美国版各 11 张图片，在死亡效应启动的实验中，研究者发现由于图片数量相对较多，被试在对图片进行排序时常常犹豫不定，需要花费不少时间。其次，有些内容的图片较难在互联网上获得，而且有些图片需要进行加工，加工后的图片也未必能被试认出，这样就降低了研究的效度。最后，在被试的选取上存在一定的局限性。在中美跨文化比较的两个研究中，被试主要来自大学生，其年龄主要集中在 19—25 岁，而其他年龄段的研究没有纳入本研究的视野。此外，由于美国加州地区华人较多，在美国加州大学伯克利分校招募的被试中，有少部分是美籍华人，因此，研究的结果从某种程度上缩小了中美文化间的差异。

教育心理团体干预研究的局限性主要有以下几点：首先，我们所证实的仅仅是团体的短期干预效果，而长期效果并未得到证实。其次，与 Breitbart 等学者（2010）的研究所不同的是，他的对照组是一个支持性团体，而本研究中对照组并无接受任何实验处理。尽管，两个研究都使用了意义中心的干预团体，然而，本研究中对照组与实验组的显著性差异可能来自于团体动力而不是 MAC 的实质性干预。最后，由于研究被试数量较少，这也使得研究结果在显著性上的显现，探索性别差异等方面受到限制。

（三）后续的研究

CSMIL 的编制将生命意义来源的研究置于中国文化情境下，而 NVMI – SML 的开发则开启了跨文化测量的进一步研究。后续的研究在理论研究方面：（1）将 CSMIL、SOMP – R 及 NVMI – SML 进行同时施测，检验生命意义源非言语测量工具是否与文字版量表结果一致，并探讨两者的差异；（2）对不同文化下"文化世界观"进行测量来检验 MS 的启动是否显著，进一步探讨生命意义源与死亡态度的相关性；（3）尽量减少图片数量，研究者尝试自行设计图片内容，突出研究主题。在应用研究方面：（1）使用 CSMIL，结合大学生心理特征，进行大学生自杀预防的相关研究；（2）使用 NVMI – SML 进行跨文化研究；（3）开发多元文化、多样研究议题的非言语测量工具用于跨文化研究。

对于教育心理团体干预研究，其未来的研究可以着眼于考察团体的长期干预效果、扩展不同形式的对照组以及探索在增加被试量的基础上采用随机分配的团体实验干预效果。

结语：总之，无论理论研究如何演进、测量工具如何改善，生命意义心理学研究的任务只有一个，那就是帮助人们找到生命存在的意义，使人们走向幸福人生的彼岸。

参考文献

英文文献:

Applebaum, A. J., Lichtenthal, W. G., Pessin, H. A., Radomski, J. N., Gökbayrak, N. S., Katz, A. M., ... Breitbart, W. (2012). Factorsassociatedwithattritionfromarandomized controlled trial of meaning – centered group psychotherapyforpatientswithadvancedcancer. *Psycho – Oncology*, 21, 1195—1204. dio: 10.1002/pon.2013.

Bar – Tur, L., Savaya, R., & Prager E. (2001). Sources of meaning in life for young and old Israeli Jews and Arabs. *Journal of Aging Studies*, 15, 253—269. dio: 10.1016/S0890—4065 (01) 00022—6.

Bar – Tur, L., Savaya, R., & Prager E.. Sources of meaning in life for young and old Israeli Jews and Arabs. Journal of Aging Studies, 2001, 15: 253—269.

Battista, J., & Almond, R.. The development of meaning in life. Psychiatry, 1973, 36: 409—427.

Baum, S. K., & Stewart, R. B. (1990). Sources of meaning through the life span. *Psycholo logical* Reports, 67, 3—14. dio: 10.2466/pr0.1990.67.1.3.

Baumeister, R. F.. Meanings of Life. New York: Guilford, 1991.

Baumeister, R. F. (1991). *Meaning in life*. New York: Guilford

Press.

Becker, E. The denial of death. New York: Free Press, 1973.

Berry, J. W. . Imposedetics – emics – derived etics: The operationalizaton of a compelling idea. 1989, 24: 721—735.

Berry, J. W. . On Cross – cultural comparablility. International Journal of Psychology, 1969, 4: 119—128.

Bradburn, N. M. (1969). *The structure of psychological well – being*. Chicago, IL: Aldine Publishing Co.

Breitbart, W. , Rosenfeld, B. , Gibson, C. , Pessin, H. , Poppito, S. , Nelson, C. , ……Olden, M. (2010). Meaning – centeredgrouppsychotherapyforpatientswith advancedcancer: A pilotrandomizedcontrolledtrial. *Psycho – Oncology*, 19, 21—28. dio: 10.1002/pon.1556.

Byrne, C. , Bond, L. A. , &London, M. (2013). Effects of mindfulness – based versus interpersonal process group interventionon psychological well – being with a clinical university population. *Journal of College Counseling*, 16, 213—227. doi: 10.1002/j.2161—1882.2013.00038.x.

Chen, C. , Lee, S. Y. , & Stevenson, H. W. . Responsestyle and cross – cultural comparisons of rating scalesamong East Asian and North American students. Psychological Science, 1995, 6: 170—175.

Cheng, M. M. , Cao, W. J. , Chen, P. & Jin, J. X. (2013). A study of the effects of meaning constructive group counseling on the family caregivers of old people. [In Chinese]. *Studies of Psychology and Behavior*, 11, 660—665.

Crocker, J. , Luhtanen, R. , Blaine, B. , & Broadnax, S. (1994). Collective self – esteem and psychological well – being among white, black, and asian college students. *Personality Social Psychology Bulletin*. 20, 503—513.

Debats, D. L. . The Life Regard Index: Reliability and validity. Psychological Reports, 1990, 67: 27—34.

Debats, D. L. . Sources of meaning: An investigation of significant commitments in life. Journal of Humanistic Psychology, 1999, 39: 30—57.

Deckro, G. R. , Ballinger, K. M. , Hoyt, M. , Wilcher, M. , Dusek, J. , Myers, P. , ... Benson, H. (2002). The evaluation of a mind/body intervention to reduce psychological distress and perceived stress in college students. *Journal of American College Health*, 50, 281—287. dio: 10. 1080/0744848020963446.

DeVogler, K. L. , & Ebersole, P. . Categorization of college students' meaning of life. Psychological Reports, 1980, 46 (3): 387—390.

DeVogler, K. L. , &Ebersole, P. . Adults' meaning in life. Psychological Reports, 1981, 49: 87—90.

DeVogler, K. L. , &Ebersole, P. . Young adolescents' meaning in life. Psychological Reports, 1983, 52: 427—431.

Ebersole, P. & DePaola, S. . Meaning in life categories of later life couples. The Journal of Psychology, 1987, 121: 185—191.

Emmons, R. A. , &Paloutzian, R. F. . The psychology of religion. Annual Review of Psychology, 2003, 54, 377—402.

Fabry, J. B. . The Pursuit of Meaning. New York: Harper & Row, 1980.

Forbes, E. E. , Williamson, D. E. , Ryan, N. D. , Dahl, R. E. (2004). Positive and negative affect in depression influence of sex and puberty. *Annals of the New York Academy of Sciences*, 1021, 341—347. doi: 10.1196/annals. 13048. 042.

Franceis, L. J. , Hilis, P. R. . The development of the Meaning in Life Index (MILI) and its relationship with personality and religious behaviours and beliefs among UK undergraduate students. *Mental Health, Religion & Culture*, 2008, 11: 211—220.

Frankl, V. E. (1962). *Man's search for meaning: Anintroduction to logotherapy.* Boston, MA: Beacon Press.

Frankl, V. E. . Man's Search for Meaning. Boston: Beacon Press, 1962.

Glaser, B. G. , Strauss, A. L. , The discovery of grounded theory: Strategies for qualitative research, London : Aldine Transaction, Cop. , 1999.

Greenberg, J. , Pyszczynski, T. , & Solomon, S. . The causes and consequences of the need for self‑esteem: A terror management theory. //R. F. Baumeister (Ed.) , Public Self and Private Self. New York: Springer‑Verlag, 1986: 189—212.

Greenberg, J. , Pyszczynski, T. , Solomon, S. , et al. Effects of self‑esteem on vulnerability‑denying defensive distortions: Further evidence of an anxiety‑buffering function of self‑esteem. Journal of Experimental Social Psychology, 1993, 29: 229—251.

Greenstein, M. (2000). The house that's on fire: Meaning‑centered psychotherapy pilot group for cancer patients. *American Journal of Psychotherapy*, 54, 501—511.

He, J. , & Fan, F. M. (2010). A study of the effects of group counseling on the mental health of college students from low income family‑based on positive psychology. [In Chinese] . *Chinese Journal of Clinical Psychology*, 18, 397—399.

Ho, M. Y. , Cheung, F. M. , &Cheung, S. F. (2010). The role of meaning in life and optimism in promoting well‑being. *Personality and Individual Differences.* 48, 658—663.

Ho, M. Y. , Cheung, F. M. , & Cheung, S. F. . The role of meaning in life and optimism in promoting well‑being. Personality and Individual Differences, 2010, 48 (5): 658—663.

Hofstede, G.. Culture's Consequences. Beverly Hills, CA: Sage, 1980.

Huppert, F. A., Walters, D. E., Day, N., & Elliott, B. J. (1989). The factor structure of the General Health Questionnaire (GHQ—30): A reliability study on 6317 community residents. *British Journal of Psychiatry*, 155, 178—185.

John, O. P., Naumann, L. P., & Soto, C. J. Paradigm shift to the integrative big five trait taxonomy. //O. P. John, R. W. Robins, & L. A. Pervin (Eds.) Handbook of Personality: Theory and Research. New York: The Guilford Press, 2008: 114—158.

Kagitcibasi, C. &Berry, J. W.. Cross - cultural psychology: Current research and trends. Annual Review of Psychology, 1989, 40: 493—531.

Kaufman, S. R. The Ageless Self: Sources of Meaning in Late Life. Wisconsin: The University of Wisconsin Press, 1986.

King, L. A., Hicks, J. A., Krull, J. L., et al. Positive affect and the experience of meaning in life. Journal of Personality and Social Psychology, 2006, 90 (1): 179—196.

Koutra, A., Katsiadrami, A., & Diakogiannis, G. (2010). The effect of group psychological counseling in Greek university students' anxiety, depression, and self - esteem. *European Journal of Psychotherapy & Counseling*, 12, 101—111.

Li H. College stress and psychological well - being: Vision in life asa coping resource. Unpublished doctoral dissertation at the University of Hong Kong, 2002.

Li, H. (2008). College stress and psychological well - being: Self - transcendence meaning of life as a moderator. *College Student Journal*, 42, 531—541.

Li, H., &Kam, W. B. (2002) Assessing psychological well-being of college students: Psychometric properties of GHQ—20. [In Chinese]. *Psychological Development and Education*, 1, 75—79.

Li, H.; &Lin, C. D. (2003). College stress and psychological well-being of Chinese college students. [In Chinese]. *Acta Psychologica Sinica*, 35, 222—230.

Maddi, S. R. The search for meaning. //M. Page (Ed.), Nebraska Symposium on Motivation, 1970: 137—186.

Markus, H. R., & Kitayama, S. Culture and self: Implications for cognition, emotion, and motivation. Psychological Review, 1991, 98: 224—253.

Markus, H. R., &Kitayama, S.. The cultural psychology of personality. Journal of Cross-Cultural Psychology, 1998, 29: 63—87.

Mascaro, N., & Rosen, D. H.. Existential meaning's role in the enhancement of hope and prevention of depressive symptoms. Journal of Personality, 2005, 73: 985—1013.

Maslow, A. H. Motivation and Personality. New York: Harper & Row, Publishers, Inc., 1954.

Maslow, A. H. Toward a Psychology of Being. New York: D Van Nostrand Comparny, Inc., 1962.

Mattis, J. S. Religion and spirituality in the meaning-making and coping experiences of African American women: A Qualitative Analysis. Psychology of Women Quarterly, 2002, 26: 309—321.

Morrison, R., &O'Connor, R. C. (2005). Predicting psychological distress in college students: The role of rumination and stress. *Journal of Clinical Psychology*, 61, 447—460.

Nash, R. J., &Murray, M. C. (2010). *Helping college students find purpose: The campus guide to meaning-making*. San Francisco, CA: Jossey-Bass.

Nicholson, T., Belcastro, P. A., & Duncan D. F. (1989). An evaluation of a university stress management program. *College Student Journal*, 23, 76—81. Retrieved from http: //www. projectinnovation. biz/csj. html.

O'Connor, K., & Chamberlain, K.. Dimensions of life meaning: a qualitative investigation at mid – life. British Journal of Psychology. 1996, 87: 461—477.

Ohbuchi, K – I., Fukushima, O. & Tedeschi, J. T. Cultural values in conflict management: Goal orientation, goal attainment, and tactical decision. Journal of Cross – cultural Psychology. 1999, 30: 51—71.

Park, C. L.. Religion as a meaning – making framework in coping with life stress. Journal of Social Issues, 2005, 61: 707—729.

Peng, K., Nisbett, R. E. &Wong, N. Y. C.. Validity problems comparing values across cultures and possible solutions. Psychological Methods, 1997, 2: 329—344.

Peng, K., Nisbett, R. E.. Culture, dialectics, and reasoning about contradiction. American Psychologist, 1999, 54 (9): 741—754.

Prager, E.. Exploring personal meaning in an age – differentiated Australian sample: Another look at the Sources of Meaning Profile (SOMP). Journal of Aging Studies, 1996, 10: 117—136.

Prager, E.. Sources of personal meaning for older and younger Australian and Israeli women: Profiles and comparisons. Aging and Society. 1997, 17 (2): 167—189.

Prager, E.. The development of a culturally sensitive measure of sources of life meaning. //G. T. Reker, & K. Chamberlain (Eds.), Exploring Existential Meaning: Optimizing Human Development Across the Life Span. Thousand Oaks, CA: Sage Publications, 2000: 123—136.

Ranst, N. V., &Marcoen, A.. Meaning in life of young and elderly adults: An examination of the factorial validity and invariance of the life regard index. Personality Individual Difference, 1997, 22: 877—884.

Reker, G. T., & Wong, P. T. P.. Aging as an individual process: toward a theory of personal meaning. //J. E. Birren, & V. L. Bengtson (Eds.), Emergent Theories of Aging. New York: Springer Publishing-Company, 1998: 214—246.

Reker, G. T.. Manual of the sources of meaning profile – revised (SOMP – R). Peterborough, ON: Student psychologists Press, 1996.

Reker, G. T.. Theoretical perspectives, dimensions, and measurement of existential meaning. //G. T. Reker, &K. Chamberlain (Eds.), Exploring Existential Meaning: Optimizing Human Development across the Life Span. Thousand Oaks, CA: Sage Publications, 2000: 107—122.

Rokeach, M.. The nature of human values. New York: The Free Press, 1973.

Rosenberg, M. (1965). *Society and the adolescent self – image.* Princeton, NJ: Princeton University Press.

Rosenblatt, A., Greenberg, J., Solomon, S., et al.. Evidence for terror management theory I: The effects of mortality salience on reactions to those who violate or uphold cultural values. Journal of Personality and Social Psychology, 1989, 57: 681—690.

Ryff, C. D., & Singer, B. (1998). The contours of positive human health. *Psychological Inquiry.* 9, 1—28.

Schmeichel, B., Gailliot, M. T., Filardo, E – A, et al. Terror-Management Theory and Self – Esteem Revisited: The Roles of implicit and Explicit Self – Esteemin Mortality Salience Effect, Journal of Personality and Social Psychology, 2009, 96: 1077—1087.

Schnell, T., The Sources of Meaning and Meaning in Life Questionnaire (SoMe): Relations to demographics and well - being. The Journal of Positive Psychology, 2009, 4 (6): 483—499.

Schwartz, S. H.. Universals in the content and structure of values: Theoretical advances and empiricaltests in20 countries. //M. P. Zanna (Ed.), Advances in Experimental Social Psychology. SanDiego, CA: AcademicPress, 1992: 1—65.

Simon, L., Greenberg, J., Harmon - Jones, E.. Terrormanagement and cognitive - experiential self - theory: Evidence that terror-management occursin the experiential system. Journal of Personality and Social Psy chology, 1997, 72: 1132—1146.

Singelis, T. M., Triandis, H. C., Bhawuk, D. P. S., et al. Horizontal and vertical dimensions of individualism and collectivism: A theoretical and measurement refinement . Cross - Cultural Research, 1995, 29: 240—275.

Singh, P. N. & Huang, S. C. A comparative study of selected attitudes values, and personality characteristics of American, Chinese, and Indian students. The Journal of Social Psychology. 1962, 57: 113—121.

Solomon, S., Greenberg, J., &Pyszczynski, T.. The cultural-animal: Twenty years of terror management theory and research. // J. Green - berg, S. L. Koole, &T. Pyszczynski (Eds.), Handbook of experimentalexistential psychology. New York: Guilford Press., 2004: 13—34.

Steger, M. F., Frazier, P., Kaler, M., & Oishi, S. (2006). The meaning in life questionnaire: Assessing the presence of and search for meaning in life. *Journal of Counseling Psychology*, 53, 80—93.

Steger, M. F., Frazier, P., & Kaler, M.. The meaning in life questionnaire: Assessing the presence of and search for meaning in life. Journal of Counseling Psychology, 2006, 53 (1): 80—93.

Steger, M. F., Frazier, P.. Meaning in life: One link in the chain from religiousness to well - being. Journal of Counseling Psychology. 2005, 52: 574—582.

Strauss, A. L. &Corbin, J. M. (Ed). Grounded Theory in Practice. Thousand Oaks, CA: Sage Publications, Inc., 1997.

Strauss, A. L. Qualitative Analysis for Social Scientists. New York: Cambridge University Press, 1987.

Taliaferro, L. A., Rienzo, B. A., Pigg, R. M., Miller, M. D., & Dodd, V. J. (2009). Spiritual well - being and suicidal ideation among college students. *Journal of American College Health*, 58, 83—90.

Taylor, S. J., &Ebersole, P.. Young children's meaning in life. Psychological Reports, 1993, 73: 1099—1104.

Tomasello, M.. The Cultural Origins of Human Cognition. Harvard University Press., 1999.

Triandis, H. C., Bontempo, R., &Villareal, M. J.. Individualism and collectivism: Cross - cultural perspectives on self - ingroup relationships. Journal of Personality and Social Psychology. 1998, 54: 323—338.

Triandis, H. C.. Individualism and collectivism. Boulder, CO: Westview, 1995.

Triandis, H., McCusker, C., & Hui, C. H.. Multimethod probes of individualism and collectivism. Journal of Personality and Social Psychology, 1990, 59: 1006—1020.

Triandis, H. C. Individualism and collectivism: past, present, and future//Matsumoto, D. (Eds), The Handbook of Culture and Psychology. New York: Oxford University Press, 2001.

Triandis, H. C. The Psychological Measurement of Cultural Syndromes, American Psychologist, 1996, 51: 407—415.

Triandis, H. C.. Collectivism and Individualism as Cultural Syndromes Cross - Cultural Research, 1993, 27: 155—180.

Westerhof, G. J., Dittmann - Kohli, F., &Katzko, M. W. Individualism and collectivism in the personal meaning system of elderly adults. Journal of Cross - Cultural Psychology, 2000, 31: 649—676.

Wong, M. C., & Dai, X. Y. (2008). Chinese meaning in life questionnaire revised in college students and its reliability and validity test. [In Chinese]. *Chinese Journal of Clinical Psychology*, 16, 459—461. *Journal of Contemporary Psychotherapy*, 40, 85—93. doi: 10.1007/s10879—009—9132—6.

Wong, P. T. (2012). *The human quest for meaning* (2nd ed.). New York, NY: Routledge.

Wong, P. T. Implicit theories of meaningful life and the development of the personal meaning profile. //P. T. P. Wong & P. S. Fry (Eds.), The Human Quest for Meaning: A Handbook of Psychological Research and ClinicalApplications. New Jersey: Lawrence Erlbaum, 1998.

Wong, P. T. P.. Positive existential psychology. //S. Lopez (Ed.), Encyclopedia of Positive Psychology. Oxford: Blackwell, 2009: 345—351.

Wong, P. T., & Fry, P. S. (1998). *The human quest for meaning: A handbook of psychological research and clinical applications*. Mahwah, NJ: Lawrence Erlbaum.

Wong, P. T. P.. Meaning management theory and death acceptance. //A. Tomer, E. Grafton, &P. T. P. Wong (Eds.), Existential & SpiritualIssuesin Death Attitudes. Mahwah, NJ: Lawrence Erlbaum Associates, 2007: 65—88.

Xiao, R., Zhang, X. Y., & Zhao, J. B. (2010). Relationship of the life purpose and meaning and mental health of the university students. *Chinese Journal of School Health*, 31, 445—446.

Yalom, I. D. (1975). *The theory and practice of group psychotherapy* (2nd ed.). New York: Basic Books.

Yalom, I. D.. Existential Psychotherapy. New York: Basic Books, 1980.

Zika, S., &Chamberlain, K.. On the relatilon between meaning in life and psychological well-being. British Journal of Psychology, 1992, 83 (1), 133—145.

中文文献:

陈向明:《社会科学质的研究》, 台北: 五南图书出版股份有限公司2008年版。

程明明, 樊富珉:《北京高校大学生自杀意念及其影响因素调查与分析》,《自杀及其预防与干预研究》, 北京: 清华大学出版社2009年版, 第169—178页。

董奇:《心理与教育研究方法》, 广州: 广东教育出版社1992年版。

何友晖, 彭泗清, 赵志裕:《世道人心: 对中国人心理的探索》, 北京: 北京大学出版社2007年版。

金盛华, 辛志勇:《中国人价值观研究的现状及发展趋势》,《北京师范大学学报》(社会科学版), 2003年第177期, 第56—64页。

李虹:《自我超越生命意义对压力和健康关系的调节作用》, 2006年第38 (3) 期, 第422—427页。

梁漱溟:《东西文化及其哲学》, 台北: 文学出版社1979年版。

林语堂:《生活的艺术》, 西安: 陕西师范大学出版社2006年版。

林语堂:《吾国与吾民》, 台北: 远景出版事业公司1976年版。

[美]博格：《高等教育中的质量与问责》，毛亚庆等译，北京：北京师范大学出版社 2008 年版。

彭凯平，王伊兰：《跨文化沟通心理学》，北京：北京师范大学出版社 2009 年版。

石中英：《教育学研究中的概念分析》，《北京师范大学学报》（社会科学版），2009 年第 213（3）期，第 29—38 页。

汪凤炎，郑红：《中国文化心理学》，广州：暨南大学出版社 2004 年版。

王登峰，崔红：《解读中国人的人格》，北京：社会科学文献出版社 2005 年版。

王玉芝：《中西文化精神》，昆明：云南大学出版社 2006 年版。

吴明隆：《SPSS 统计应用实务——问卷分析与应用统计》，北京：科学出版社 2003 年版。

徐建平，张厚粲：《质性研究中编码者信度的多种方法考察》，《心理科学》，2005 年第 28 期，第 1430—1432 页。

杨国枢：《中国人的心理与行为：本土化研究》，北京：中国人民大学出版社 2004 年版。

叶浩生：《文化模式及其对心理与行为的影响》，《心理科学》，2004 年第 27（5）期，第 1032—1036 页。

张友香：《美国人追求财富的文化渊源探析》，《湖北教育学院学报》，2007 年第 24（5）期，第 34—36 页。

附录 A　生命意义源访谈知情同意书

参加研究的知情同意书

我是×××，今天邀请您参加我的研究。这项研究主要了解在您的人生经历中，哪些事件对您的生命产生意义，您又是如何体会这些意义的，目的在于帮助大学生寻找人生中积极的意义，战胜各种心理挫折，在逆境中获得成长。

研究报告将用于研究论文的撰写，以及有可能发表在学术刊物、学术会议上，或是改编为专著。

在这项研究中您会接受 1 次 30 分钟左右的访谈，访谈具体时间会安排在您合适的时间内，访谈内容将使用录音记录。在访谈中只要您觉得不舒服，访谈就会立刻结束，您也可以要求收回您的访谈资料。您有权获得一份自己的访谈记录，并有权审阅研究报告的有关内容和提出修改意见。

为了保护您的利益，您的姓名、地址等个人信息会得到严格的保密，访谈的原始资料仅有誊录和分析的研究人员可以接触，研究报告中不会出现您的姓名等个人信息，研究结束后，这些资料将会保存在一个安全的文件柜里。

您是否已经阅读了以上内容，如果您表示同意，请您在以下签名。

我已经阅读了以上文件内容，并表示同意。

签名_____　日期_____

附录 B　生命意义源半结构式访谈提纲

在你生活经历中，你觉得哪些事情会让你觉得你活着是有意义的？或者说你觉得生命的意义是什么？

作为一个生物体的人，我们生活在天地万物之间，你觉得生命的意义在于什么？

作为一个社会的人，觉得怎样的人生才是有意义的？

你在乎他人与你的关系吗？这些关系包括哪些？你觉得它们对你有什么意义？

对你自己而言，在什么情况下，生命才是有意义的？

在遇到这些事情的时候，请谈谈你的感受，是否在行为上有所改变以及怎样改变的？

请回答以下问题：
- 您的专业是_____　年级_____　年龄_____
- 性别_____

×××
2008 年 7 月

附录C 生命意义源结构式访谈问卷

指导语

亲爱的朋友：

您好！我们与美国加州大学伯克利（University of California, Berkeley）分校合作，进行一项关于"生命意义"为主题的跨文化研究，希望通过您的回答来了解人们对生命意义的主观感受，以及所经历过的有意义的人生是怎样的。研究主要反映的是心理方面的感受与体验，因此，没有对错的判断。我们诚恳邀请您填答这份问卷。

我们承诺问卷的答案只做学术研究之用，您也不必在问卷上写出自己的姓名，研究人员不会进行任何个人资料的分析，您可以放心作答。您是志愿参加这项实验的，您可以选择在任何时候退出研究。问卷最后一页的基本资料，请您务必填写，以方便我们整理问卷。

回答完试卷后，请您装入信封内，并密封好后交给研究助手，如您有任何问题，发送邮件至 chengmmthu@163.com 获得更多相关信息。

谢谢您的合作！

附录 C　生命意义源结构式访谈问卷

您是怎样定义或理解"生命的意义",请写在以下方框内,并尽可能多写。

您认为"过一种有意义的生活"由哪些部分组成,请列出 10 项最重要的,并至少用一句话来描述它。

1. _____
2. _____
3. _____
4. _____
5. _____
6. _____
7. _____
8. _____
9. _____
10. _____

请列出前 10 项您所经历过的让您觉得生命是有意义的事情,并至少用一句话来描述它。

1. _____
2. _____
3. _____
4. _____
5. _____
6. _____
7. _____
8. _____
9. _____
10. _____

接下来，请给出特别的例子或情形，并尽可能详细地描述它。

请尽可能地详细描述决定或改变您人生的最有意义的三个经历。

1.

2.

3.

请问您的年龄？_____请问您的职业？_____

系别_____

请您选择您是：

☐本科生一年级、二年级、三年级、四年级

☐硕士生一年级、二年级、三年级

☐普博士生一年级、二年级、三年级、四年级

☐直博士生一年级、二年级、三年级、四年级、五年级

请选择您的性别：

☐男

☐女

您认为自己处于社会阶层的哪个部分？

☐较低阶层

☐中低阶层

☐中间阶层

☐中高阶层

☐较高阶层

您是怎样对待宗教信仰的？

1　　2　　3　　4　　5

没有信仰、中立态度、非常信仰

您信仰的宗教是？

☐无神论

☐佛教

☐天主教

☐伊斯兰教

☐基督教

☐其他：_____

答题完毕，谢谢您的合作！

附录 D　生命意义源初试问卷

指导语

亲爱的朋友/同学：

您好！我是×××，我们正在进行一项关于生命价值和意义的研究，我们希望了解您在生活中的一些想法。答案无所谓对错，关键在于您的真实感受，请如实回答。调查问卷仅用于科学研究，所有资料都会予以保密，您不必填写姓名。

回答时：

■ 请在每一个问题前填写适合您自己情况的选项。

■ 每个问题只能选择一个答案。

■ 请不要漏答问卷题目。

■ 遇有不明白的地方请及时向在场的访问员询问。

如您对问卷有任何问题，您可以发送邮件至以下邮箱，以获得更多相关信息。(chengmmthu@163.com)

对您的合作和支持，我们表示衷心的感谢！

数字 1—7 代表从完全没意义到非常有意义程度的依次递增。请您选择适合您的一项，并将答案写在每个题目的前面：

1	2	3	4	5	6	7
完全没意义						非常有意义

___ 1. 有健康的身体

___ 2. 有快乐的心情

___ 3. 花时间陪伴父母

___ 4. 保持积极乐观的心态

___ 5. 活着

___ 6. 遇到"死亡"事件（亲友故去、自然灾害、交通事故等）

___ 7. 思考人生终极的意义

___ 8. 保护环境

___ 9. 欣赏大自然

___ 10. 孝敬父母

___ 11. 养育子女

___ 12. 达到了一定的目标

___ 13. 家庭幸福

___ 14. 关心国家大事

___ 15. 遵从父母的意愿

___ 16. 有亲密和知心的朋友

___ 17. 有良好的人际关系

___ 18. 有美满的爱情

___ 19. 生活在和谐的社会中

___ 20. 人与人之间的公平

___ 21. 有一颗感恩的心

___ 22. 善待他人

___ 23. 尊重他人

___ 24. 社会的公正

___ 25. 先人后己

___ 26. 给他人带来快乐

___ 27. 得到他人的帮助

___ 28. 贡献社会

___ 29. 做自己想做的事情

___ 30. 实现一些个人的成就和目标

___ 31. 合理安排和管理好时间

___ 32. 有工作和事业（或学业）

___ 33. 获得受教育机会

___ 34. 独处思考

___ 35. 获得提高自我能力的机会

___ 36. 参加集体或社团活动

___ 37. 有人生的理想和目标

___ 38. 经受人生的挫折和困苦

___ 39. 探索未知世界

___ 40. 有令人回忆的往事

___ 41. 做独特的自我

___ 42. 有基本的物质生活保障

___ 43. 帮助他人

___ 44. 有富裕的物质享受

___ 45. 得到他人或社会的认可与尊重

___ 46. 进行休闲的活动（读书、听音乐、旅行、文体活动等）

___ 47. 从事有创造性的活动

___ 48. 参与宗教活动

___ 49. 人与自然和谐的关系

个人信息（请填写或选择）

您的年龄_____　　　　请选择您的性别：男　女

除此之外，你觉得还有哪些是让您生命活出意义来的事情，请列出：
_____

答题完毕，谢谢您的合作！

附录 E　中国生命意义源正式量表

中国生命意义源量表
指导语

亲爱的朋友/同学：

您好！我是×××，我们在进行一项关于价值和意义的研究，我们希望了解您在生活中的一些想法。答案无所谓对错，关键在于您的真实感受，请如实回答。调查问卷仅用于科学研究，所有资料都会予以保密，您不必填写姓名。

回答时：

■ 请在每一个问题后适合您自己情况的答案上打√。

■ 每个问题只能选择一个答案。

■ 请不要漏答问卷题目。

■ 遇有不明白的地方请及时询问。

如您对问卷有任何问题，您可以发送邮件至以下邮箱，以获得更多相关信息。（chengmmthu@163.com）

对您的合作和支持，我们表示衷心的感谢！

附录 E　中国生命意义源正式量表

数字 1—7 代表从完全没意义到非常有意义程度的依次递增。请您选择适合您的一项，并将答案写在每个题目的前面：

1	2	3	4	5	6	7
完全没意义						非常有意义

___ 1. 有健康的身体

___ 2. 有快乐的心情

___ 3. 保持积极乐观的心态

___ 4. 保护环境

___ 5. 孝敬父母

___ 6. 养育子女

___ 7. 达到了一定的目标

___ 8. 关心国家大事

___ 9. 有亲密和知心的朋友

___ 10. 有良好的人际关系

___ 11. 有美满的爱情

___ 12. 生活在和谐的社会中

___ 13. 社会的公正

___ 14. 先人后己

___ 15. 给他人带来快乐

___ 16. 得到他人的帮助

___ 17. 贡献社会

___ 18. 做自己想做的事

___ 19. 合理安排和管理好时间

___ 20. 有工作和事业（或学业）

___ 21. 获得受教育机会

___ 22. 独处思考

___ 23. 获得提高自我能力的机会

___ 24. 有人生的理想和目标

___ 25. 有基本的物质生活保障

___ 26. 帮助他人

___ 27. 有富裕的物质享受

___ 28. 得到他人或社会的认可与尊重

___ 29. 从事有创造性的活动

___ 30. 人与自然和谐的关系

个人信息（请填写或选择）

1. 性别： 男 女 2. 民族：_____

3. 年龄：_____ 4. 职业：_____

5. 学历：_____ 6. 家庭所在地：_____

7. 婚姻状况：_____ 8. 宗教信仰：_____

答题完毕，谢谢您的合作！

附录 F 中国生命意义源量表（英文版）

Chinese Sourses of Meaning in Life Scale（有节删）

This questionnaire contains a number of statements that assess the sources of meaning in people's lives. Read each statement carefully and decide how meaningful each source is in your life at the present time. Select one of the 7 scale values that best describes your personal situation and place the number in the space provided, as shown below:

1	2	3	4	5	6	7
not at all meaningful						extremely meaningful

____ 1. Having good health

____ 2. Being in a happy mood

____ 3. Having an optimistic attitude to life

____ 4. Supporting my parents monetarily

____ 5. Raising and educating children

____ 6. Achieving some personal goals

____ 7. Having close friends

____ 8. Having good relationships with others

____ 9. Having romantic love

___ 10. Bringing happiness to others

___ 11. Getting help from others

___ 12. Contributing to society

___ 13. Managing my time well

___ 14. Having a satisfying job and career, or school work

___ 15. Having access to education

___ 16. Having the opportunity to improve myself

___ 17. Having ideals and goals in life

___ 18. Meeting basic, everyday needs

___ 19. Being of service to others

___ 20. Acquiring material possessions to enjoy the good life

___ 21. Receiving validation and respect from others and society

___ 22. Taking part in creative activities

___ 23. Having a relationship with nature

What is your gender?

Male _____   Female _____

What is your age? _____

Please select the racial or ethnic group that you most identify with:

___ African – American or African

___ Caucasian (white)

___ Asian – American Asian (Please specify: Chinese, Korean, Japanese, etc)

_____

___ Latin – American

___ Middle Eastern

___ Other (Please specify) _____

Were you born in American?   Yes, _____   No, _____

If you answered no, where were you born? _____

When did you come to the US? (How many years, days or months ago?) _____

附录 G Rokeach 价值观量表(英文版)

Rokeach Value Survey (RVS)
(Rokeach, 1967)

Terminal values	Instrumental values
A comfortable life	Ambition
An exciting life	Broadminded
A sense of accomplishment	Capable
A world at peace	Cheerful
A world of beauty	Clean
Equality	Courageous
Family security	Forgiving
Freedom	Helpful
Happiness	Honest
Inner harmony	Imaginative
Mature love	Independent
National security	Intellectual
Pleasure	Logical
Salvation	Loving
Self-respect	Obedient
Social recognition	Polite
True friendship	Responsible
Wisdom	Self-controlled

附录 H Rokeach 价值观量表(中文版)

Rokeach Value Survey（RVS）

（Rokeach，1967）

终极性价值观	工具性价值观
舒适的生活	有抱负
令人兴奋的生活	心胸开阔的
有成就感	有能力的
和平的世界	高兴的
美丽的世界	干净的
平等	有勇气的
家庭安全	宽容的
自由	乐于助人的
幸福	诚实的
内心的和谐	有想象力的
成熟的爱	独立的
国家安全	有智慧的
快乐	有逻辑的
得救	有爱心的
自我尊重	服从的
社会认可	有礼貌的
真正的友谊	负责的
智慧	有自制力的

附录 I 关注生命指数(英文版)

Life Regard Index
(Battista&Almond, 1973)

Please read each statement carefully and choose the number that best describes your personal situation, using the scale shown below:

1	2	3	4	5
Disagree Strongly	Disagree a little	Neither agree nor disagree	Agree a little	Agree strongly

____ 1. I feel like I have found significant meaning in my life.

____ 2. I have really come to terms with what's important for me in my life.

____ 3. I have a system or framework that allows me to truly understand my life.

____ 4. I have a very clear idea of what I'd like to do with my life.

____ 5. There are things that I devote all my life's energy to.

____ 6. I have a philosophy of life that really gives my living significance.

____ 7. I have some aims and goals that would personally give me a great deal of satisfaction if I could accomplish them.

____ 8. I just don't know what I really want to do with my life.

___ 9. I really don't have much of a purpose for living, even for myself.

___ 10. I need to find something that I can really be committed to.

___ 11. I get completely confused when I try to understand my life.

___ 12. There honestly isn't anything that I totally want to do about my life very deeply.

___ 13. I really don't believe in anything about my life very deeply.

___ 14. Other people seem to have a much better idea of what they want to do with their lives than I do.

___ 15. I have really passion in my life.

___ 16. I really feel good about my life.

___ 17. Living is deeply fulfilling.

___ 18. I feel that I am living life to its fullest.

___ 19. I feel that I'm really going to attain what I want in life.

___ 20. I get so excited by what I'm doing that I find new stores of energy I don't know that I had.

___ 21. When I look at my life I feel the satisfaction of really having worked to accomplish something.

___ 22. I don't seem to be able to accomplish those things that are really important to me.

___ 23. Other people seem to feel better about their lives than I do.

___ 24. I have a lot of potential that I don't normally use.

___ 25. I spend most of my time doing things that really aren't very important to me.

___ 26. Something seems to stop to me from doing what I really want to do.

___ 27. Nothing very outstanding ever seems to happen to me. I don't really value what I'm doing.

___ 28. I don't really value what I'm doing.

附录 J 关注生命指数(中文版)

Life Regard Index
(Battista&Almond, 1973)

数字 1—5 代表从非常不符合到非常符合程度的依次递增。请您选择适合您的一项,并将答案写在每个题目的前面。

1	2	3	4	5
非常不符合	有点不符合	中立态度	有点符合	非常符合

___ 1. 我觉得我已经找到了很重大的意义来指引我的人生。

___ 2. 在我一生中无时无刻不在计算什么是最重要的。

___ 3. 我有一个大体的人生规划来让自己真正明白我为什么活着。

___ 4. 我对我的人生要做些什么已经有非常明确的想法。

___ 5. 有一些让我付出生命的所有精力来争取的东西。

___ 6. 我有一些真正深刻影响我生命的人生哲学。

___ 7. 我有一些目标,如果它们可以实现的话,这将会带给我很大的满足感。

___ 8. 我真的不知道我的人生究竟要怎么过。

___ 9. 我确实没有多少活着的目的,即使是对于我自己。

___ 10. 我需要找一些事情,可以使我真正投身于其中。

___ 11. 当我想要理解我的人生时,我十分的困惑与迷茫。

___ 12. 确实没有让我真正想去做的事情。

___ 13. 我确实不是很深信与我的生命有关的东西。

___ 14. 别人似乎比我更清楚他们要过怎样的一种人生。

___ 15. 我的生命充满热情和激情。

___ 16. 我活着真的感觉很好。

___ 17. 人生是非常完满的。

___ 18. 我感觉我活得很充实。

___ 19. 我觉得我将要得到的正是我生命中想要的东西。

___ 20. 我对自己正在做的事感到非常兴奋,以至从中发现了自己从前并不知道的潜能。

___ 21. 当我回首人生时,会为真正努力来完成某些事而感到满足。

___ 22. 我似乎并不能完成那些对我来说很重要的事情。

___ 23. 其他人似乎比我感觉过得好一些。

___ 24. 我有很多平时没怎么用的潜能。

___ 25. 我花了大部分时间来做一些对自己不很重要的事情。

___ 26. 有些东西似乎总妨碍我去做自己真正想做的事情。

___ 27. 对我来说似乎没有发生什么很突出或杰出的事情。

___ 28. 我并不真正看重我正在做的事。

附录 K 简述生命意义源量表
（修订版）（英文版）

Sources of Meaning Profile – Revised.
Reker（1996）

This questionnaire contains a number of statements that assess the sources of meaning in people's lives. Read each statement carefully and decide how meaningful each source is in your life at the present time. Select one of the 7 scale values that best describes your personal situation and place the number in the space provided, as shown below.

1	2	3	4	5	6	7
not at all meaningful						extremely meaningful

___ 1. Participating in leisure activities.

___ 2. Meeting basic, everyday need.

___ 3. Taking part in creative activites.

___ 4. Engaging in personal relationships with family and/or friends.

___ 5. Being acknowledged for personal achievements.

___ 6. Experienceing personal growth.

___ 7. Taking part in religious activities.

___ 8. Interest in social and/or political causes.

___ 9. Being of service to others.

___ 10. Preserving human values and ideals.

___ 11. Preservation of culture and tradition.

___ 12. Leaving a legacy for the next generation.

___ 13. Feeling financially secure.

___ 14. Interest in human rights (humanistic concerns).

___ 15. Participation in "hedonistic" activities (e.g., gambling, parties, etc.).

___ 16. Acquiring material possessions to enjoy the good life.

___ 17. Relationship with nature.

附录 L 简述生命意义源量表
（修订版）（中文版）

Sources of Meaning Profile – Revised.
Reker（1996）

数字 1—7 代表从完全没意义到非常有意义程度的依次递增。请您选择适合您的一项，并将答案写在每个题目的前面。

1	2	3	4	5	6	7
完全没意义						非常有意义

___ 1. 进行休闲活动

___ 2. 有基本的物质生活保障

___ 3. 从事有创造性的活动

___ 4. 与家人和朋友建立良好的关系

___ 5. 个人成就被别人认可

___ 6. 经历个人的成长

___ 7. 参与宗教活动

___ 8. 关注社会或政治事件

___ 9. 帮助他人

___ 10. 怀有人类价值观和理想

___ 11. 保存传统和文化

___ 12. 为下一代留下遗产

___ 13. 觉得经济有保障

___ 14. 关注人权（人文关怀）

___ 15. 从事"享乐"的活动（比如：打麻将，参加聚会）

___ 16. 有富裕的物质享受

___ 17. 人与自然和谐的关系

附录 M 跨文化研究的知情同意书（英文）

BERKELEY · DAVIS · IRVINE · LOS ANGELES · MERCED · RIVERSIDE · SAN DIEGO · SAN FRANCISCO   SANTA BARBARA · SANTA CRUZ

UNIVERSITY OF CALIFORNIA, BERKELEY
DEPARTMENT OF PSYCHOLOGY
BERKELEY, CALIFORNIA 94720-1650
3210 TOLMAN HALL #1650

Consent to Participate in Research (internet)
Investigation of life meaning in cross-cultural context

Hello, my name is Mingming Cheng. I am a graduate student in the Psychology Department at Tsinghua University, and now as a visiting student in the Psychology Department at the University of California at Berkeley. My faculty advisor here Kaiping Peng and I would like to invite you to take part in our research study. We are interested in looking into how people make decision about some life event and the personal traits in the special circumstances. This line of research is done in order to gain better understanding of the human cognitive process in different cultures..

This study will be carried out on a website and will take up to 40 minutes and is divided into a number of segments. In each of those you will be given some tasks to fill out several questionnaires and order some pictures. In addition to the inference task (up to 35 minutes total), you will also be given a questionnaire about your basic background information (up to 10 minutes).

This research is considered of minimal risk to you. Although there is no foreseeable direct benefit to you, it is hoped that the research will benefit science by helping us find out more about how people think.

As with all research projects, there is a small chance that the confidentiality of the information collected could be compromised but I will take care to prevent this from happening. All of the information that is obtained from you during the research will be kept confidential. Your name and other identifying information will not be collected. There will be no questions concerning your real life action or intention that will legally or ethically require us to report to officials. Experimental data (which do not contain identifying information) will be stored in password-protected computers in a locked datacenter in Ft Lauderdale, Florida. After this research is completed, the experimental data may be saved indefinitely for use in future research by myself. However, the same confidentiality guarantees given here will apply to future storage and use of the materials.

Your participation in this research is voluntary. You are free to refuse to take part, refuse to answer any questions, withdraw your consent, or discontinue participation in the research at any time without penalty or loss of benefits to which you are otherwise entitled. But note that if you participate throughout the study, you may refuse to answer any question(s) that might make you feel uncomfortable.

If you have any question about the research, you may call me, Mingming Cheng, at (510) 3567430 or send me email at chengmmthu@gmail.com. Or you can contact Professor Peng at (510) 642-5292. If you have any question regarding your treatment or rights as a participant in this research project, please contact the University of California at Berkeley's Committee for the Protection of Human Subjects at (510) 642-7461, subjects@berkeley.edu.

附录 N　跨文化研究的事后解释（英文）

UNIVERSITY OF CALIFORNIA, BERKELEY
DEPARTMENT OF PSYCHOLOGY
BERKELEY, CALIFORNIA 94720-1650
3210 TOLMAN HALL #1650

Debriefing Form
Investigation of life meaning in cross-cultural context

We live in a world that is saturated with meaning. "Meaning in life" is concerned with the most central, personal, individual values of people. To live without meaning, goal, values, or ideals seems to prove, as we have seen, considerable distress. We search meaning in the frustration and setback, we find meaning in the fear of death and we make meaning in the fight for the life-threatened disease. Meaning is associated with physical and mental health.

Life meaning is different in cross-cultural context because of the self-cognition. Western cultures are relatively independent-self oriented, whereas eastern cultures are interdependent-self oriented. It is highlighted in western cultures to be independent, and people in this culture search life meaning in personal-centered way. However, the self in eastern cultures includes a sense of interdependency and a sense of one's status as a participant in a large social unit. This view of self is not considered separate and autonomous; rather, it is within the contextual fabric of individual's social relationships, roles, and duties that the interdependent self most securely gains a sense of meaning. As a result, people will find life meaning in a relation-centered way. This research is design to test this hypothesis and identify the sources of meaning in life in the cross-cultural context.

In Phase I of this research program, we design a non-verbal instrument to measure the life meaning in America and China. Based on this earlier research, Phase II will use this instrument to identify how the people in these two cultures rank these life meaning.

References:

Markus, H., & Kitayama, S. (1991). Culture and the self: Implications for cognition, emotion, and motivation. Psychological Review, 98, 224-253.
Peng, K. & Nisbett, R. (1999). Culture, dialectics, and reasoning about contradiction. American Psychologist, 54, 741-754.
Reker, G. T., Peacock, E. J., & Wong, P. T. P. (1987). Meaning and purpose in life and well-being: a life-span perspective. Journal of Gerontology, 42, 44 - 49.
Yalom, I. D. (1980). Existential psychotherapy. New York: Basic Books.

附录 O　生命意义源非言语测量工具初试问卷(中国版)

指导语

亲爱的朋友/同学，您好！

　　人生获得意义的来源有很多，以下图片所显示的内容都是获得生命意义的来源（如财富、休闲活动等）。请您凭第一直觉，用一个词或者一个短语来表达每张图片所表达的主题（共有 34 张图片，每张图片只能表达一个主题，其中有些图片所表达的是相同的主题）。请将答案写在每张图片上面的横线内。请看完例题后开始答题。

　　谢谢您的合作！

例如：　　　财富　　　　　休闲活动

附录 O　生命意义源非言语……初试问卷（中国版）　　165

请从这里开始：

1. _____

2. _____

3. _____

4. _____

5. _____

6. _____

7. _____

8. _____

166 积极意义与生命教育：理论、测量与实务

9. _____   10. _____

11.  _____   12. _____

13.  _____   14. _____

15.  _____   16. _____

附录O 生命意义源非言语……初试问卷（中国版） 167

17. _____　　18. _____

19.  _____　　20. _____

21.  _____　　22. _____

23.  _____　　24. _____

168　积极意义与生命教育：理论、测量与实务

25. ＿＿＿＿＿＿＿＿＿　　26. ＿＿＿＿＿＿＿＿＿

27.  ＿＿＿＿＿＿＿＿＿　　28. ＿＿＿＿＿＿＿＿＿

29.  ＿＿＿＿＿＿＿＿＿　　30. ＿＿＿＿＿＿＿＿＿

31.  ＿＿＿＿＿＿＿＿＿　　32. ＿＿＿＿＿＿＿＿＿

附录 O　生命意义源非言语……初试问卷（中国版）　　169

33. _____　　　　　34. _____

附录 P 生命意义源非言语测量工具初试问卷(美国版)

Directions:

Dear friends:

There are a lot of ways to have meaning in life. The pictures below are the sources of meaning in life you may obtain (e. g. wealth, Leisure activities). Please write the meaning of each picture in one word or one phrase as soon as possible when the first concept that comes to your mind. Some of them may express the same meaning or concept. Please write it above each picture.

For example:

Wealth　　Leisure activity

Start here:

附录 P　生命意义源非言语……初试问卷（美国版）　　171

1. _____　　2. _____

3. _____　　4. _____

5. _____　　6. _____

7. _____　　8. _____

9. ＿＿＿＿＿＿　　　10. ＿＿＿＿＿＿

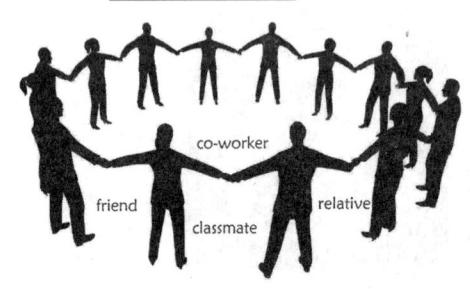

11. ＿＿＿＿＿＿　　　12. ＿＿＿＿＿＿

13. ＿＿＿＿＿＿　　　14. ＿＿＿＿＿＿

15. ＿＿＿＿＿＿　　　16. ＿＿＿＿＿＿

附录 P　生命意义源非言语……初试问卷（美国版）　　173

17. _____　　18. _____

19. _____　　20. _____

21. _____　　22. _____

23. _____　　24. _____

积极意义与生命教育：理论、测量与实务

25. _____

26. _____

27. _____

28. _____

29. _____

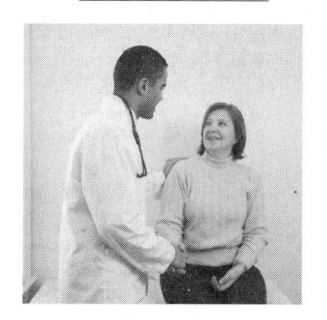

30. _____

31. _____

32. _____

附录 P　生命意义源非言语……初试问卷（美国版）　　175

33. _____　　　　　　34. _____

附录 Q　生命意义源非言语测量工具正式版(中国版)

生命意义源于……

A

生命意义源于……

B

生命意义源于……

C

生命意义源于……

D

附录 Q 生命意义源非言语测量工具正式版（中国版）   177

生命意义源于…… E

生命意义源于…… F

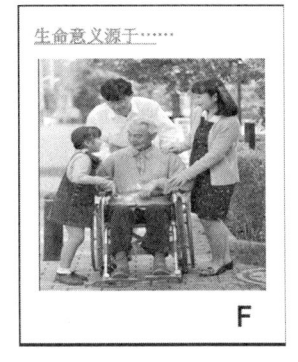

生命意义源于…… G

生命意义源于…… H

生命意义源于…… I

生命意义源于…… J

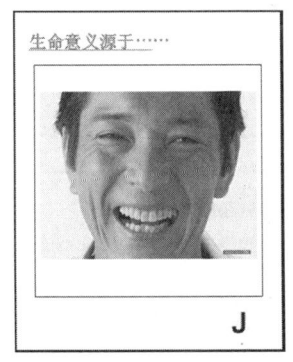

生命意义源于…… K

附录 R 生命意义源非言语测量工具正式版（美国版）

附录 R　生命意义源非言语测量工具正式版（美国版）　　179

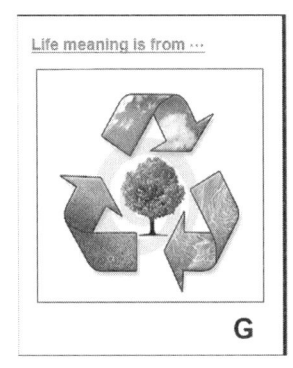

附录 S 死亡效应实验数学题目

您的被试号：_____

请您完成以下数学题目：

12 + 5 =	16 − 11 =	35 − 34 =	98 + 45 =
67 + 28 =	87 − 53 =	78 + 42 =	29 + 56 =
65 − 34 =	72 + 59 =	125 − 32 =	48 + 89 =
79 − 35 =	36 + 38 =	86 − 34 =	23 + 56 =
56 + 89 =	91 − 37 =	29 + 86 =	42 + 49 =
104 − 57 =	123 + 39 =	164 − 98 =	186 − 29 =
376 − 135 =	267 + 584 =	495 − 342 =	754 − 592 =
487 + 395 =	525 − 156 =	894 − 347 =	129 + 347 =
21 + 45 =	56 + 89 =	74 − 52 =	67 − 39 =
28 + 79 =	46 + 53 =	63 − 22 =	47 + 94 =

附录T 死亡态度人格评估问卷
（中英文版）

死亡态度人格评估问卷
（Rosenblatt, et al., 1989）

实验组：请被试完成一份涉及自己死亡想法和感受的调查问卷。

（1）请简要描述当您想到自己死亡时候的情绪和情感。

（2）请尽可能具体地并快速写下当自己躯体正在死亡以及一旦你自己的躯体死亡后你的感受。

对照组：请被试同样完成两个与观看电视相关的调查问卷。

（1）请您描述当您在观看电视时的情绪和情感。

（2）当您在观看电视时您的躯体状态和您的感受是怎样的？

Mortality Attitudes Personality Assessment Survey
（Rosenblatt, et al., 1989）

The experimental subjects are asked to fill out a brief questionnaire concerning their thoughts and feelings about their own death.

（1）Please briefly describe the emotions that the thought of your own death arouses in you.

（2）Jot down, as specifically as you can, what you think will happen to you physically as you die and once you are physically dead.

The control subjects are asked to fill out other two filler questions:

(1) What emotions or feelings do you have when you are watching television?

(2) What happens physically when you watching television?

附录 U 英文缩略词索引

缩略词	英文	中文
BFI	Big Five Inentory	大五人格问卷
CPHS	Committee for Protection of Human Subjects	被试保护委员会
CSMIL	Chinese Sources of Meaning in Life Scale	中国生命意义源量表
GHQ	General Health Questionaires	一般健康问卷
LRI	Life Regard Index	关注生命指标
MCA	Meaning Centered Approach	意义中心模式
MEQ	Meaning Essay Questions	意义问答题
MLQ	Meaning in Life Questionnaire	生命意义问卷
MMT	Meaning Management Theory	意义管理理论
MS	Mortality Salience	死亡效应凸显
NVMI－SML	Non－Verval Measuring Instrument for Sources of Meaning in Life	生命意义源非言语测量工具
PIL	Purpose in Life Test	生命目的量表
RVS	The Rokeach Value Survey	Rokeach 价值观量表

续表

缩略词	英　文	中　文
SES	Self – Eesteem Scale	自尊量表
SML	Source of Meaning in life Scale	生命意义源量表
SOC	Sense of Coherence – Meaning	一致感量表
SoMe	The Sources of Meaning and Meaning in Life Questionnaire	生命意义源和生命意义问卷
SOMP – R	Sources of Meaning Profile – Revised	简述生命意义源量表（修订版）
TMT	Terror Management Theory	恐惧管理理论

附录 V 大学生意义中心教育心理团体辅导方案

招募海报：

或许你正被忧郁的情绪困扰
或许你正在经历失恋的痛楚
或许你对当下的自己感到不满
或许你还对未来的人生把握不到方向

上海大学社会工作系

那么请你加入我们——

意义与人生心灵成长小组

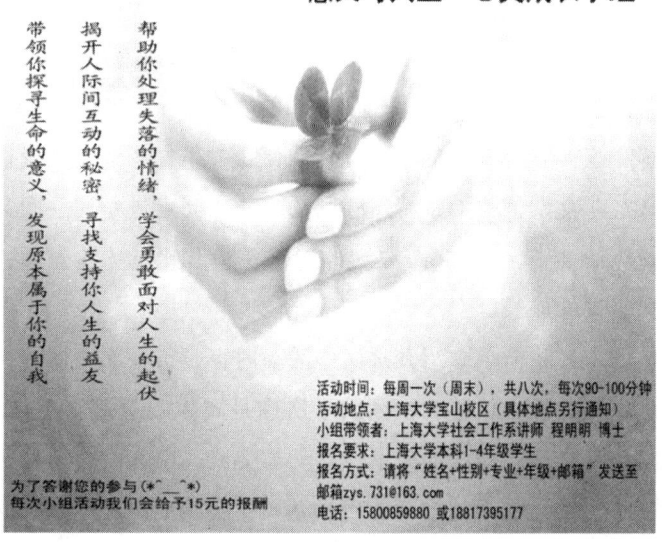

带领你探寻生命的意义，发现原本属于你的自我

揭开人际间互动的秘密，寻找支持你人生的益友

帮助你处理失落的情绪，学会勇敢面对人生的起伏

活动时间：每周一次（周末），共八次，每次90-100分钟
活动地点：上海大学宝山校区（具体地点另行通知）
小组带领者：上海大学社会工作系讲师 程明明 博士
报名要求：上海大学本科1—4年级学生
报名方式：请将"姓名+性别+专业+年级+邮箱"发送至
邮箱zys.731@163.com
电话：15800859880 或18817395777

为了答谢您的参与(*^__^*)
每次小组活动我们会给予15元的报酬

图 V.1 招募海报

【第一次活动：相识你我】

团体活动目标：帮助团体成员互相认识，增强团体凝聚力，制定团体契约。

1. 团体开场

团体领导者做自我介绍，向成员介绍小组的活动安排，并把本次小组活动的目的告知组员。（时间：10 分钟）

团体开场白：

欢迎各位同学参与我们这次的"意义与人生"心灵成长团体，我们是一个多元文化的团体，同学们有来自人文社科、有来自理工科、也有来自管理与艺术，期待大家能在我们的团体中积极分享彼此的故事，或许你会有意想不到的收获。

首先，我先做自我介绍，我是×××，来自×××。我们团体的主题是"人生与意义"，你可能会觉得"生命意义"这个词是一个非常抽象的概念，又似乎离我们的现实生活有些遥远。那么"生命意义"到底是什么？我们怎样用学术的语言与通俗的生活语言去解释它？它与我们的心灵成长有什么关系？我们怎样获得积极的意义？非常期待你们带着这些问题与我一同走进每周一次，共九次的团体活动中，去领略、去感受、去追寻积极的人生意义，以获得一次心灵的成长。

接下来，我简单介绍九次团体活动内容，第一次团体的目的是相互认识和熟悉，从第二次到第七次则是团体的过渡与工作阶段，这期间会安排逐步加深的分享、互动与交流，第八次与第九次是团体主题的升华与团体的结束。每次活动会有破冰活动与主题活动，每次活动 1.5—2 小时。在团体活动进行任何时候，欢迎你们提出改进团体的意见或建议。

好了，大家了解了团体内容后，我们终于可以踏上团体的第一段旅程了,先让我们来个相互认识的破冰活动吧。

2. 破冰活动:滚雪球

团体活动步骤(时间:15分钟):

(1)将组员进行分组,每组5—6人。

(2)先由一人开始介绍自己的家乡、学院、年级、名字。如:我是来自上海市社会学院大二的××。

(3)再顺时针开始,下一名组员应先说出上一个组员的信息,然后介绍自己的信息。如:我是来自上海市社会学院大二的××左边的,来自浙江省社区学院大一的×××。

(4)依次进行,接下来的每个人都要把前面组员的信息都说出来。

3. 破冰活动:捉虫虫

团体活动步骤(时间:10分钟):

(1)所有组员站立,面向内围成一个圆圈。

(2)每人向左右伸出两手,与心脏同齐,左手张开,掌心朝上,右手食指指向下,点到右边人的左手掌心。

(3)团体领导者诵读一段小短文,当短文中出现某一指定的字或短语时,组员的左手要快速捉住左边人的右手食指,右手则要迅速躲避,避免被捉到。

(4)被捉到的被淘汰,其他人继续,直至最后,没有被捉住者获胜。

(5)当一篇短文读完后,同学们都可上场,开始新的一轮。

4. 主题活动:知多一点点

团体活动步骤(时间:20分钟):

短文一：（当听到"四"时，便要捉虫虫。）
公园里有四排石狮子，每排是十四只大石狮子，每只狮子都形态各异，惟纱惟肖。因而每周来公园看这四排石狮子的人络绎不绝。在每只大石狮子背上是一只小石狮子，每只大石狮子脚边是四只小石狮子。有一天，史老师带领四十个学生去数石狮子，你说共数出多少只大石狮子和多少只小石狮子？

短文二：（当听到"水"时，便要捉虫虫。）
从前有个小牧童叫阿水，他一直住在山上。有一天，他跟他的父母说，他想到山外去看看外面的世界。父母看他的年龄也不小了，就说："阿水，你去吧！"于是阿水就这样下山了。他走啊走啊，走了很久，觉得口非常渴。很想喝茶。突然看到前面有一条河，于是，他就很快向河边趣去。一不小心，就掉进了河里。他站起来，开始拧衣服，拧啊拧，拧啊拧，拧出了许多的沙子。他又开始了他的行程，这就是小牧童阿水的故事。

短文三：（当听到"一"时，便要捉虫虫。）
某美国前总统的夫人离开白宫之后曾经给下一任总统的夫人送上锦囊，规劝第一夫人必须注意四大要点：一、永远准时；二、言多必失；三、陪总统巡前切记尽量靠紧椅背坐，以便夹道群众都可一瞻总统风采；四、千万减肥以免霸占后座三个座位。今日的第一夫人当然不必太过分委屈了；女将叱诧政坛的时代已经来临，总统夫人锦囊大可转送给其他第一夫人了。

图 V.2　捉虫虫

（1）为每个组员派发一张"知多一点点"练习纸。

（2）请组员首先在左边栏中填入自己信息。

（3）寻找与自己相同特征的同学，并在练习纸的右栏中填写他们的名字。

（4）相互分享"知多一点点"所填写的内容。

知多一点点　（姓名：　　）

我喜欢的颜色：	与我相同的同学：
我喜欢的水果：	与我相同的同学：
我喜欢的明星：	与我相同的同学：
我喜欢的运动：	与我相同的同学：
我的星座：	与我相同的同学：
我的嗜好：	与我相同的同学：

图 V.3　知多一点点

5. 主题活动：相约团体

所需材料：大张白纸、便签纸、彩色笔、胶棒团体活动步骤（时间 25 分钟）：

（1）派发给组员每人一张便笺纸，请组员把团体名称"意义与人生"写上，并将自己认为的应该遵守的团体规则写在纸上（如："准时"、"彼此尊重"等），最后写上自己的姓名。

（2）写完后，先请组员轮流讲出自己的团体契约内容。

（3）再将各自的写好团体契约的便笺纸，共同归纳、整理后贴在准备好的一张大契约纸上。

（4）最后，请所有组员共同读出一起制定的团体契约内容，并签名确认。

图 V.4　团体契约

【第二次活动：生命的清单】

团体活动目标：通过团体成员讲述其经历的人生事件，并反思这些事件带给他们的成长。

1. 破冰活动：猜猜我是谁？

团体活动步骤（时间 15 分钟）：

（1）将团体成员分成两组，工作人员给每个小组的所有成员各发一份另一组组员的名单。

（2）给每个组员 5 分钟时间，对手里的名单与对方组员进行匹配，并力图记住。

（3）每组的成员私下自行商量本组成员的出场序号，并进行编号，不能让对方组知道。

（4）两组成员并排对面坐下，团体领导者喊"3号"，每组的3号成员站起来，并用最快的速度喊出来对方3号组员的名字，哪一组喊得快且准确的组员就获胜，以此类推。

（5）当喊完所有组员的号码后，由领导者根据得分判断优胜一组。

2. 主题活动：生命的清单

团体活动步骤（时间25分钟）：

①团体领导者给每位组员派发一篇"生命的清单"的文章，请成员阅读并分享。

②领导者将制作好的"生命的清单"的练习纸派发给每位组员，由组员来填写自己的生命清单。

③将组员进行分组并分享"这些生命中事件带给自己人生积极的影响"。

3. 主题活动：人生告别会

所需材料：道具帽子、假花等

团体活动步骤（时间：35分钟）：

①领导者给组员播放《非诚勿扰2》李香山人生告别会的片段。

②将组员分成两组，进行角色扮演。

③每组有一个主持人、一个主角（李香山）、其他组员扮演主角的朋友（好朋友和结怨的朋友）、家人或者其他可能的角色，然后小组进行排练，编排每个角色所说的话以及动作等，最后每组分别来模拟李香山"人生告别会"的场景。

④角色表演结束后，请团体成员进行分享，通过模拟这样一场人生告别会后对自己人生有怎样的反思和收获。

生命的清单

在来世，你会重新经历一遍你身前的生活。不过这次，所有的事件要重新调整：过去生活中相同的经历和感受都会被集中放到一起。

你会花两个月时间开着车子在你的房前出来进去；会花七个月的时间享受幸福；你会沉沉睡上三十七年，双目紧闭；你会用七个月的时间坐在马桶上胡乱地翻看杂志。

你会一次经历完所有的痛苦，那是整整二十七个小时的艰难时光：骨折、撞车、皮肤被割裂、婴儿降生……可一旦你能熬过去，余下的来世时光就不会再受这种痛苦的煎熬。

然而，这并不意味着接下来的生活都甜甜美美、安然无忧。你要花六天时间修剪指甲。十五个月的时间寻找丢失的物品。十八个月的时间用来排队。两年的时间用来打发无聊：目光空洞地望着汽车的玻璃窗外，漫无目的地坐在机场的接机厅里，或是网上在线等候。一年时间用于阅读。你的眼睛酸痛，皮肤瘙痒，终于接下来轮到你去洗澡——一个持续两百天的马拉松长澡。两个星期时间，用于想象自己死后的生活会是如何。一分钟时间，感受自己的身体状况在下降。七十七个小时，用来迷惑不解。一个钟头，用来懊悔自己忘掉了某人的名字。三周时间，用于认识到自己错了。两天时间用来撒谎。六个星期时间，用来等候红色交通信号灯。七个钟头时间用来呕吐。十五分钟时间，用来感受单纯的快乐。三个月时间用来洗衣服。十五个小时用来签名。两天时间用于系鞋带。六十七天时间用来感受心碎的滋味。五个星期时间开车迷路。三天时间用来计算该给酒店多少小费。五十一天时间决定穿什么衣服。九天时间用来假装你也明白别人在谈论什么。两个星期时间在用手点钞票。十八天时间在电冰箱里面找东西。三十四天用来企盼。六个星期时间在看商业广告。四周时间坐在那里考虑是不是有更值得做的事情。三年时间在吞咽食物。五天时间在捣弄衣服的纽扣和拉链。四分钟时间在考虑，如果现在经历的事件可以重新调整一下次序，生活将会如何。

在来世的这个部分，你可以想象着一种与你生前的尘世生活类似的状况。这种想法让你感觉无比的幸福：那该是一种多么美好的生活啊！在那里，所有生活事件都被拆分成更容易忍受的小块儿；在那里，每个单独的情景都不是在漫完没了地持续；在那里，人们可以不停地从一个事件跳到另一个事件，就像孩子们在烤热的沙土上跳房子，尽情地享受在格子间跳来跳去的愉悦。

——[美]大卫·伊格曼

图 V.5　生命的清单（a）

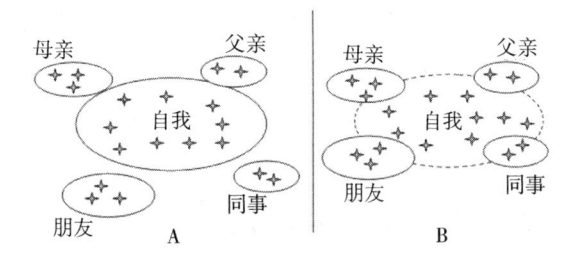

图 V.6　生命的清单（b）

4. 结束活动：通力建高塔

所需材料：儿童积木若干

团体活动步骤（时间：15 分钟）：

（1）将组员分成两组，每组派发数量和形状相同的积木。

（2）由领导者计时，组员开始搭积木。搭积木的过程中，组员之间不能讲话，但可以用手势。

（3）当领导者喊停时，积木搭得又高又稳的那组获胜。

【第三次活动：理解"自我"】

团体活动目标：理解"自我"的概念，以及它与文化、生命意义的关系。

1. 破冰活动：寻找奥巴马

团体活动步骤（时间：15 分钟）：

（1）团体成员围成一圈，背朝圈内，面向圈外。

（2）领导者站在圆圈中间，随意走动，轻敲一个组员的背将其指定为"奥巴马"。

（3）选定"奥巴马"后，组员们随意散开，向任意别的组员发问："你是不是本·拉登？"

（4）前两次发问，每个被问者都必须回答"我不是"，到第三次发问时，被指定的"奥巴马"需要举起手，大声回答"我是奥巴马"。

（5）此时，其他组员需要尽快站到"奥巴马"身后，双手搭在前一个组员的肩上，站在最后的一个组员就输了。

2. 主题活动：时光隧道中的"我"

所需材料：一张白纸

团体活动步骤（时间：30 分钟）：

（1）领导者给每位组员派发一张白纸。

（2）请组员在这张白纸上画出自己的过去、现在和未来。

（3）画完后，将组员分为 4—5 人一组，在小组内给大家分享。

3. 小型演讲：自我、文化与生命的意义

演讲内容（时间：15 分钟）：

自我是一个人对自身存在的体验。它包括一个人通过经验、反省和他人的反馈，逐步加深对自身的了解。自我是一个有机的认知机构，由态度、情感、信仰和价值观等组成，贯穿个体所有经验和行动，并把个体表现出来的各种特定习惯、能力、思想、观点等组织起来（Brown，2004）。

Markus 和 Kitayama（1991，1998）从心理学和人类学理论融合的基础上对不同文化的自我建构进行进一步理论的阐释。他们将自我分为独立自我的和相依自我，并认为美国文化中没有突出个体之间的关系，而是个体极力维持自己与众不同的独立性，通过对自我的关注，发掘和表达他们独一无二的内部特性，这种自我的建构属于独立自我；而中国文化下个体自我概念的建构是基于个体之间的相互关系，强调对他人的关注、对他人的接纳以及相互之间和谐的关系，则属于相依自我的建构。

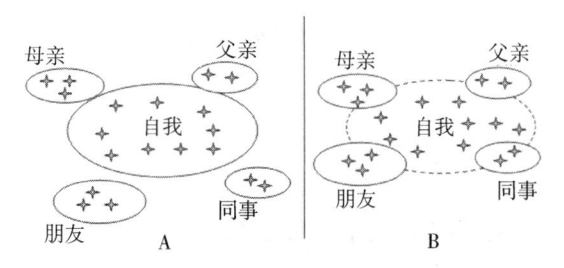

图 V.7　独立自我与相依自我建构

4. 结束活动：人生连接点

团体活动步骤（时间：15分钟）：

（1）为团体成员播放乔布斯在斯坦福大学毕业典礼上的演讲。

（2）播放完毕，请成员在小组内分享。

【第四次活动：情绪情感的"意义"】

团体活动目的：了解什么是正向与负向情感，这些情绪与情感如何影响我的生活，练习将负向情感转换为正向情感与动机。

1. 破冰活动：解开千千结

团体活动步骤（时间：10分钟）：

（1）将团体成员分为两组，请每组组员面向内围成一个小圆圈，握起两边组员的手，务必记住自己的左手和右手分别握的是谁。

（2）然后大家随意在小组中走动，团体成员说"停"，组员站定不动，然后找到自己原来左右手握着的人重新握好。

（3）在不放开手的情况下，需要组员想办法恢复到最初的"小圆圈"。

2. 主题活动：情感温度计

团体活动步骤（时间：25分钟）：

3. 主题活动：Ellis 的情绪 ABC

团体活动步骤（时间：35分钟）：

（1）每个组员派发一张"情绪ABC"的练习1，请组员根据

"事件"来选择 A、B、C、D 或 E。

（2）请组员讨论从"事件"到选择项之间的关系，从而引出"Ellis 的情绪 ABC 理论"。

（3）再给每位组员派发一张"情绪 ABC"的练习 2，请组员根据"情绪 ABC 理论"写出在此事件下的积极信念和消极信念，并写出在相应的信念下可能产生怎样的情绪或行为。

（4）团体领导者给发放"理性/非理性信念"练习纸张，请组员判断这 11 种信念是理性还是非理性，并在小组内讨论。

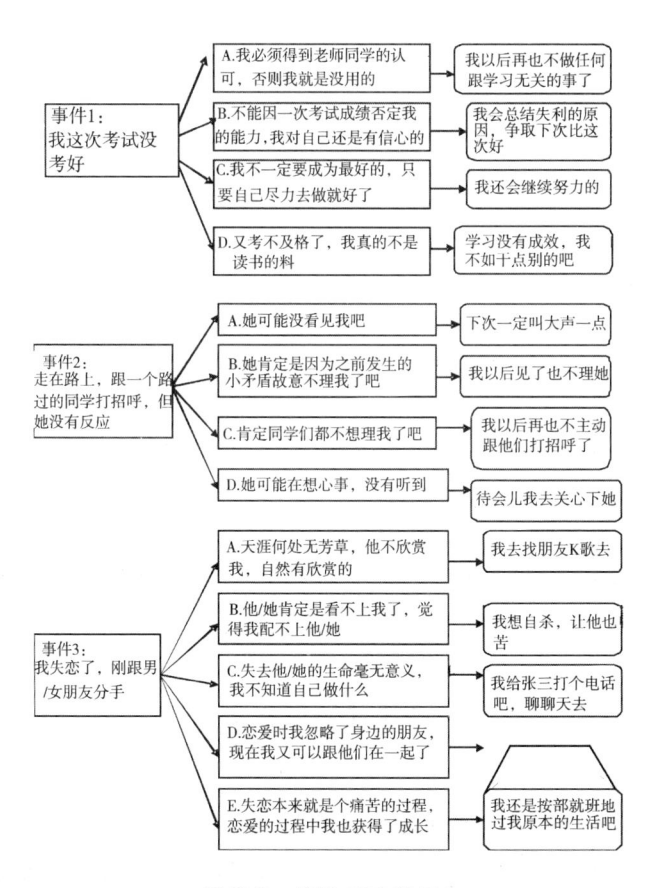

事件1：我这次考试没考好
- A.我必须得到老师同学的认可，否则我就是没用的 → 我以后再也不做任何跟学习无关的事了
- B.不能因一次考试成绩否定我的能力，我对自己还是有信心的 → 我会总结失利的原因，争取下次比这次好
- C.我不一定要成为最好的，只要自己尽力去做就好了 → 我还会继续努力的
- D.又考不及格了，我真的不是读书的料 → 学习没有成效，我不如干点别的吧

事件2：走在路上，跟一个路过的同学打招呼，但她没有反应
- A.她可能没看见我吧 → 下次一定叫大声一点
- B.她肯定是因为之前发生的小矛盾故意不理我吧 → 我以后见了也不理她
- C.肯定同学们都不想理我了吧 → 我以后再也不主动跟他们打招呼了
- D.她可能在想心事，没有听到 → 待会儿我去关心下她

事件3：我失恋了，刚跟男/女朋友分手
- A.天涯何处无芳草，他不欣赏我，自然有欣赏的 → 我去找朋友K歌去
- B.他/她肯定是看不上我了，觉得我配不上他/她 → 我想自杀，让他也苦
- C.失去他/她的生命毫无意义，我不知道自己做什么 → 我给张三打个电话吧，聊聊天去
- D.恋爱时我忽略了身边的朋友，现在我又可以跟他们在一起了
- E.失恋本来就是个痛苦的过程，恋爱的过程中我也获得了成长 → 我还是按部就班地过我原本的生活吧

图 V.8　情绪 ABC 练习 1

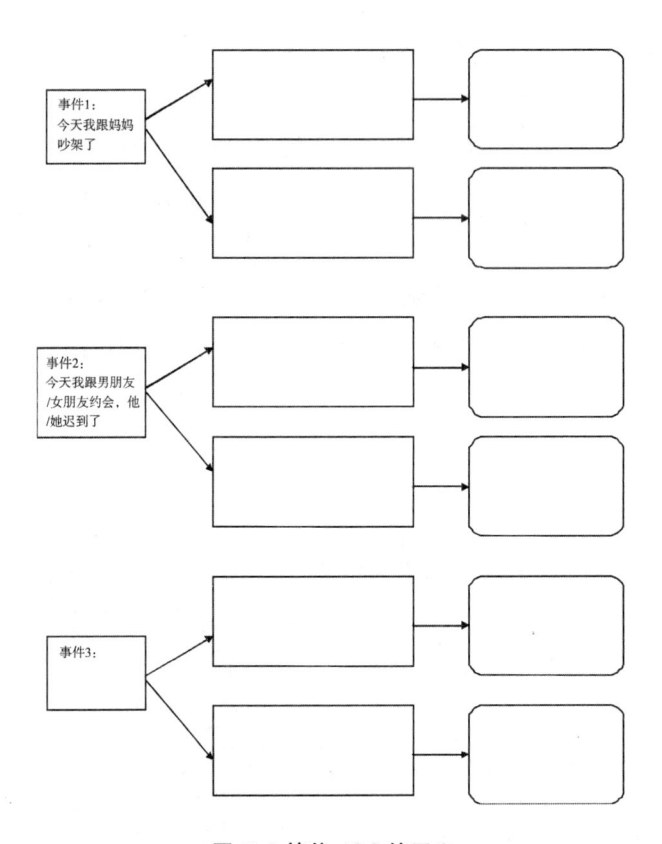

196　积极意义与生命教育：理论、测量与实务

图 V.9 情绪 ABC 练习 2

【第五次活动：为人生喝彩】

团体活动目的：分享积极的生活观念，分享对自己生命新的理解与认识。

1. 破冰活动：风中草

团体活动步骤（时间：15分钟）：

（1）将团体成员分为5—6人一组，然后每组成员面向内围成一个小圆圈，其中一名组员站在中间。

（2）中间的组员双手交叉放在胸前，闭上双眼，然后倒向任意某个方向。

（3）围在外面的组员轻轻地将他/她推向别的方向，使得站在中间的组员在圆圈内随意晃动（特别留意和保障中间组员的安全）。

（4）请每位组员都尝试在中间位置。最后，请组员在各自小组中分享感受。

2. 主题活动：为人生喝彩

团体活动步骤（时间：35分钟）：

（1）为团体组员发放"为人生喝彩"的练习纸，根据破冰活动中的分成的小组，请每位组员填写完成。

（2）练习完成后，请每位组员在小组中分享各自的感受与收获。

为人生喝彩

回想我的人生路，我做过或经历过令我自己最满意的5件事情

_____

假如我可以给我自己送一个礼物，它将会是

_____

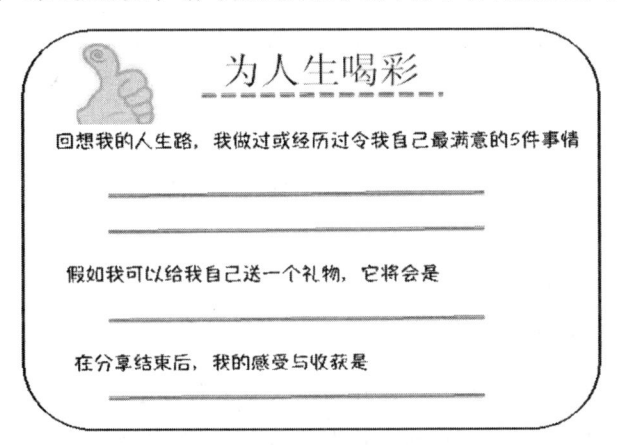

在分享结束后，我的感受与收获是

图 V.10 为人生喝彩

3. 结束活动：松鼠与大树

团体活动步骤（时间：20分钟）：

（1）团体成员站成一个大圈。选出一人站在圈中。

（2）就近的三人为一组，两人扮大树，面对对方，伸出双手向上互相搭在一起；一人扮"松鼠"，蹲在两人搭成的"大树"下。

（3）领导者喊"松鼠"，大树不动，扮演"松鼠"的人就必须离开原来的大树，重新选择其他的"大树"；站在大圈中的那人就扮演"松鼠"躲到"大树"下面。本次落单的一人本轮就算输。

（4）领导者喊"大树"，松鼠不动，扮演"大树"的人就必须离开原先的同伴重新组合成一对大树，并圈住松鼠。上次落单的人也需要扮演大树。本次落单的一人在本轮就算输。

（5）团体领导者喊"地震"，扮演"大树"和"松鼠"的人全部打散并重新合，扮演"大树"的人也可扮演"松鼠"，"松鼠"也可扮演大树，上次落单的人迅速为自己寻找一个角色。本次落单的一人在本轮就算输。

【第六次活动：Frankl 的意义人生路】

团体活动目的：通过活动使团体成员认识到在任何情境中都能够发掘出积极的意义，学习从过往的"失利"和"失意"中寻找积极的人生意义。

1. 热身活动：成长三部曲

团体活动步骤（时间：15 分钟）：

（1）团体成员围成一个大圈，全体组员蹲下。

（2）就近的两人一组，开始石头剪子布，进行猜拳。

（3）第一轮猜拳的胜方成长为小鸡，负方仍是鸡蛋。若两只小鸡相遇猜拳，胜方可成长为母鸡，而负方便要退化为鸡蛋。当胜方晋升为小鸡时，再找小鸡同伴继续猜拳，胜方可再晋升成为母鸡，负方则退化为鸡蛋；若两只母鸡相遇猜拳，胜方可晋升为凤凰，负方则退化为小鸡。晋升凤凰后就算胜出，离开赛场。

（4）猜拳晋级的四级是：鸡蛋、小鸡、母鸡、凤凰。动作分别是：鸡蛋：蹲下来，双手抱膝；小鸡：半蹲下来，双手倒背；母鸡：站立起来，双手叉腰；凤凰：站立双手放在头上。

2. 小型演讲：Frankl 的意义人生路

团体活动步骤（时间：20 分钟）：

（1）团体领导者为每位组员派发一张"Frankl 的'意义'人生路"练习纸。

（2）领导者为组员讲述 Frankl 的人生故事，并推荐其名著《活出生命的意义》一书。

（3）引导组员进行思考与讨论。

Frankl 的"意义"人生路

维克多·弗兰克尔（Viktor Emil Frankl 1905—1997），奥地利心理学家、精神病学家，维也纳第三心理治疗学派——意义治疗与存在主义分析（Existential Psychoanalysis）的创办人。

1905年，弗兰克尔出生在奥地利维也纳一个贫穷的犹太家庭。他的父亲是一个忠厚老实的公务员，为人严厉、责任感和原则性强，母亲则是一名来自布拉格的虔诚而心地善良的犹太教徒。他在家中排行第二，上有一兄下有一妹，童年生活贫困，曾在农场里乞讨。高中毕业后，1923 年进入维也纳大学医学院，1930 年，获得医学博士学位并晋升为维也纳大学医学院助教。1933 年，他接管了一家针对自杀妇女的精神治疗病房。到了1937年，弗兰克尔则自己开业，从事神经症和精神病的治疗。一年后，德国入侵奥地利，他的妹妹移民到了澳大利亚，而他和家人也正在积极筹措办理申请到美国的签证。1939 年他获得美国护照与签证，但为了照顾年迈的父母，最后决定和未婚妻缇莉（Tilly Grosser）一起留在维也纳，1942 年，弗兰克尔与未婚妻举行了婚礼。同年 9 月，他和家人包括他的新婚妻子一起被纳粹逮捕，关押在捷克波希米亚地区北部的特莱西恩施塔特（Theresienstadt）纳粹集中营，他的父亲不久就因为饥饿死于波希米亚。1944 和妻子一同被送往波兰奥斯威辛集中营，不久其母亲也被送至此并死于该地毒气室。后又辗转至德国考夫图（Kaufering）集中营、图克海姆（Türkheim）集中营。他的母亲和兄弟在 1944 被纳粹残酷地杀害。而他朝思暮想的妻子则于纳粹投降前死于德国伯根-拜尔森（Bergen-Belsen）集中营。1945 年 4 月 27 日他被美国陆军解救。

战争结束后，他回到维也纳才发现他的家人都在纳粹集中营死去，唯有他因为医生身份而被认为有用才幸免于难。他在维也纳大学医学院任教，期间和他的助手 Eleonore Schwindt 相恋并于 1947 年结婚。1948 年，他获得哲学博士学位，同年任维也纳大学神经与精神病学副教授，1950 年创办奥地利心理治疗协会并任主席，之后升任维也纳大学医学院教授直到 1990 年。1992 年，他的朋友和家人为他设立了维克多·弗兰克尔研究院.正因为集中营中的悲痛经验，反而使他发展出积极乐观的人生哲学，正如他常引用尼采的一句话："打不垮我的，将使我更 坚强"，使他后半生能活的健康快乐。 67 岁时领取了飞行员驾驶执照，80 岁时仍能攀登阿尔卑斯山，并到世界各地演讲推广意义治疗。

图 V.11 Frankl 的意义人生路

3. 主题活动：重述我的人生故事

团体活动步骤（时间：30 分钟）：

（1）团体领导者为每位组员派发一张"重述我的人生故事"练习纸。

（2）请组员完成练习纸上的内容，并在小组内分享。

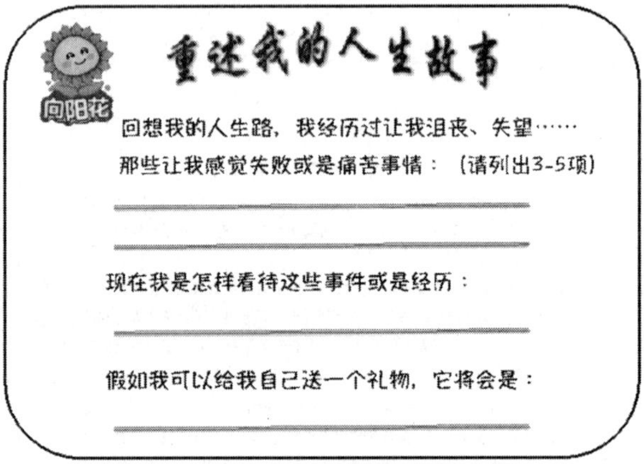

图 V.12 重述我的人生故事

4. 结束活动：Frankl 经典语录

团体活动步骤（时间：15 分钟）：

1 团体领导者为每位组员派发一张"Frankl 语录"练习纸。

2 请组员依次读出练习纸上的内容，并在小组内分享。

【第七次活动：寻出我的意义】

团体活动目的：通过活动，使团体成员了解生命意义的来源，练习获得意义寻找与获得意义的方法。

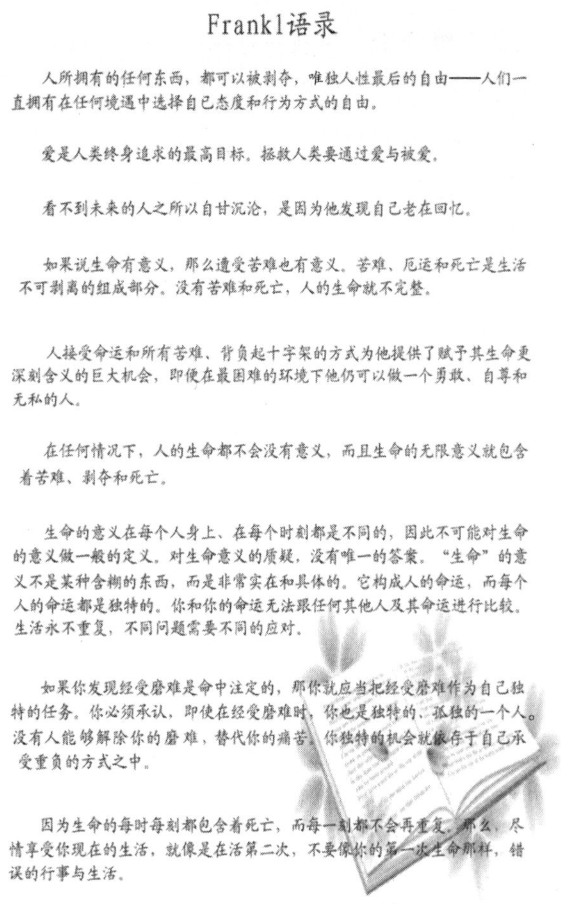

Frankl 语录

人所拥有的任何东西，都可以被剥夺，唯独人性最后的自由——人们一直拥有在任何境遇中选择自己态度和行为方式的自由。

爱是人类终身追求的最高目标，拯救人类要通过爱与被爱。

看不到未来的人之所以自甘沉沦，是因为他发现自己老在回忆。

如果说生命有意义，那么遭受苦难也有意义。苦难、厄运和死亡是生活不可剥离的组成部分。没有苦难和死亡，人的生命就不完整。

人接受命运和所有苦难、背负起十字架的方式为他提供了赋予其生命更深刻含义的巨大机会，即使在最困难的环境下他仍可以做一个勇敢、自尊和无私的人。

在任何情况下，人的生命都不会没有意义，而且生命的无限意义就包含着苦难、剥夺和死亡。

生命的意义在每个人身上、在每个时刻都是不同的，因此不可能对生命的意义做一般的定义。对生命意义的质疑，没有唯一的答案。"生命"的意义不是某种含糊的东西，而是非常实在和具体的。它构成人的命运，而每个人的命运都是独特的。你和你的命运无法跟任何其他人及其命运进行比较。生活永不重复，不同问题需要不同的应对。

如果你发现经受磨难是命中注定的，那你就应当把经受磨难作为自己独特的任务。你必须承认，即使在经受磨难时，你也是独特的。孤独的一个人。没有人能够解除你的磨难，替代你的痛苦。你独特的机会就藏存于自己承受重负的方式之中。

因为生命的每时每刻都包含着死亡，而每一刻都不会再重复。那么，尽情享受你现在的生活，就像是在活第二次，不要像你的第一次生命那样，错误的行事与生活。

图 V.13 Frankl 语录

1. 破冰活动：衣夹大战

所需材料：衣夹数个、充气棒

团体活动步骤（时间：15 分钟）：

（1）团体领导者将组员分成两组，且每组选出一名组员。A组和组员 a，以及 B 组和组员 b。组员 a 和组员 b 到对方一组接受衣夹的攻击。

（2）组员 a 和 b 手拿一个长的充气棒，且用眼罩将眼睛蒙起。

其他的组员每人手中分发五个衣夹。

（3）先由 A 组开始。当领导者喊"开始"时，站在中间的组员 b 要用充气棒来击打 A 组成员，以防他们把衣架夹入自己的衣服上。被充气棒打到的同学淘汰出局，不能再夹。

（4）领导者宣布"时间到"，并对组员 b 身上的衣夹进行计数。然后，再由 B 组开始进行衣夹大战。

（5）最后对组员 a 和 b 衣服上的衣夹进行计数后，哪位身上的衣夹多，哪组就获胜。

2. 主题活动：意义大爆炸

所需材料：两块大黑板、粉笔若干

团体活动步骤（时间：25 分钟）：

（1）将团体成员分为两组。每组一块大黑板。

（2）领导者喊"开始"，每组组员以最快的速度，轮流在各组的黑板上写下对"生命意义来自哪里？"这一问题的回答。

（3）领导者喊"停"，由领导者对每组所写内容进行计数、分析。

（4）与团体成员共同基于 CSMIL 量表的五个维度对所有呈现的"意义"进行归类。

3. 主题活动：意义大排序

所需材料：中国版"生命意义源非言语测量工具"（NVMI-SML）

团体活动步骤（时间：25 分钟）：

（1）将团体成员分为 5—6 人一组。

（2）领导者给每位组员派发一份由 11 张图片组成的中国版"生命意义源非言语测量工具"（NVMI-SML）。

（3）请每位组员将手中的 11 张图片按照自己认为的重要程度

进行排序，认为对自己最重要的生命意义来源就排在最前面，依次类推。

（4）请组员在各自小组内对图片的排序进行分享，并分享在这个主题中的感受与收获。

4. 小型演讲：我的生命意义来自哪里？

演讲内容（时间：15分钟）：

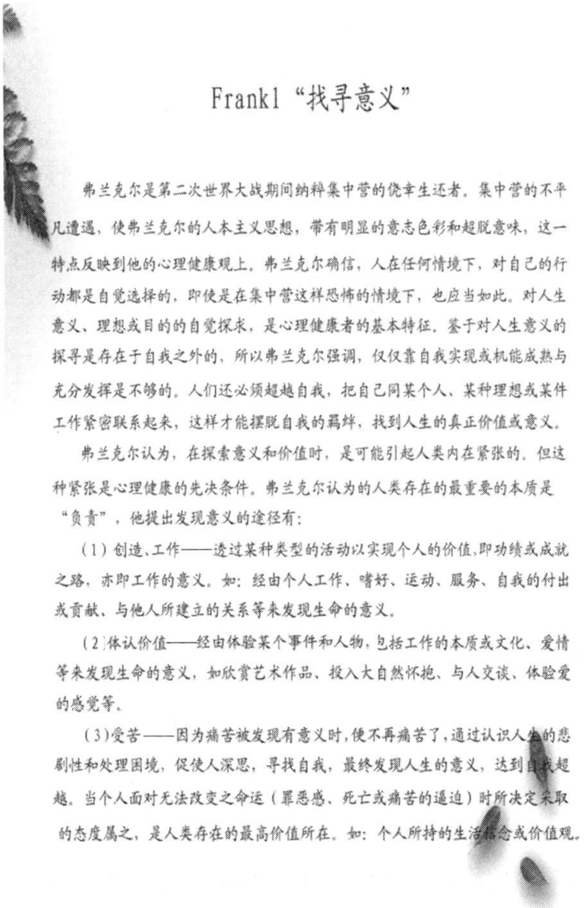

Frankl "找寻意义"

弗兰克尔是第二次世界大战期间纳粹集中营的倖幸生还者。集中营的不平凡遭遇，使弗兰克尔的人本主义思想，带有明显的意志色彩和超脱意味，这一特点反映到他的心理健康观上。弗兰克尔确信，人在任何情境下，对自己的行动都是自觉选择的，即使是在集中营这样恐怖的情境下，也应当如此。对人生意义、理想或目的的自觉探求，是心理健康者的基本特征。鉴于对人生意义的探寻是存在于自我之外的，所以弗兰克尔强调，仅仅靠自我实现或机能成熟与充分发挥是不够的。人们还必须超越自我，把自己同某个人、某种理想或某件工作紧密联系起来，这样才能摆脱自我的羁绊，找到人生的真正价值或意义。

弗兰克尔认为，在探索意义和价值时，是可能引起人类内在紧张的。但这种紧张是心理健康的先决条件。弗兰克尔认为的人类存在的最重要的本质是"负责"，他提出发现意义的途径有：

(1) 创造、工作——透过某种类型的活动以实现个人的价值，即功绩或成就之路，亦即工作的意义。如：经由个人工作、嗜好、运动、服务、自我的付出或贡献、与他人所建立的关系等来发现生命的意义。

(2) 体认价值——经由体验某个事件和人物，包括工作的本质或文化、爱情等来发现生命的意义，如欣赏艺术作品、投入大自然怀抱、与人交谈、体验爱的感觉等。

(3) 受苦——因为痛苦被发现有意义时，使不再痛苦了，通过认识人生的悲剧性和处理困境，促使人深思，寻找自我，最终发现人生的意义，达到自我超越。当个人面对无法改变之命运（罪恶感、死亡或痛苦的逼迫）时所决定采取的态度属之，是人类存在的最高价值所在。如：个人所持的生活信念或价值观。

图 V.14　Frankl "找寻意义"

【第八次活动：感恩生命】

团体活动目的：在人生的悲喜中学着去感恩生命，练习感恩的方法，发现生活中那些被隐藏的积极力量和被遗忘的积极方面。

1. 破冰活动：说出你的优点

所需材料：报纸若干、剪刀、透明胶

团体活动步骤（时间：20分钟）：

（1）将组员分成6—7人一组，每组用报纸折一个帽子。

（2）在小组内由一个组员先开始，请他/她戴上做好的纸帽，组员轮流讲出这名组员的2—3个优点。

（3）小组成员依次戴上纸帽完成以后，在小组内分享"接受别人赞美"与"赞美别人"时的感受。

2. 主题活动：学会感恩

团体活动步骤（时间：25分钟）：

（1）将团体组员分为5—6人一组。为每位成员派发一张"感恩人世间"的练习纸。并请小组成员完成练习纸。

（2）请小组成员分享练习中的内容，并分享这次活动的感受与收获。

3. 主题活动：发现身边的自己

团体活动步骤（时间：25分钟）：

（1）将团体组员分为5—6人一组。为每位成员派发一张"发现身边的自己"的练习纸。并请小组成员完成练习纸。

（2）请小组成员分享练习中的内容，并分享这次活动的感受与收获。

图 V.15　感恩人世间

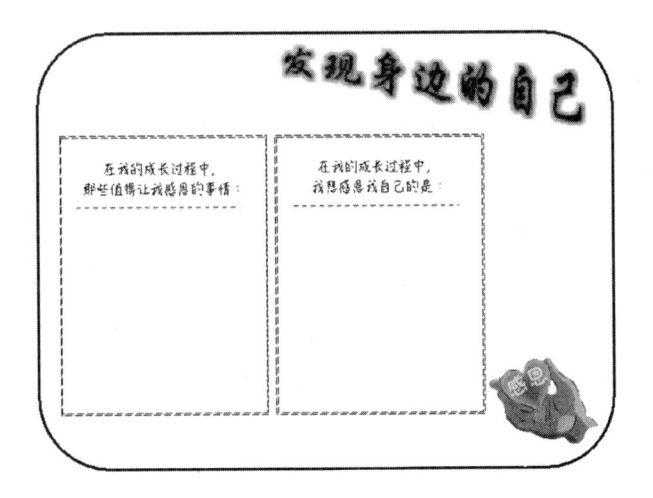

图 V.16　发现身边的自己

4. 结束活动：感恩的心

所需材料：橡皮泥若干

团体活动步骤（时间：20分钟）：

(1) 将团体组员分为5—6人一组，为每位组员派发橡皮泥若干。

(2) 请组员用橡皮泥捏出一个礼物，送给自己最感恩的一个人。

(3) 在小组内展示并描述自己的橡皮泥作品，分享送这份感恩礼物的缘由。

【第九次活动：扬起意义的风帆】

团体活动目的：发展出自己追寻意义的计划，并制定具体可行的行动目标。

1. 破冰活动：我的人生梦想

所需材料：便笺纸

团体活动步骤（时间：15 分钟）：

（1）为每位组员派发一张便笺纸。

（2）请组员在便笺纸上写上自己的梦想（不记名），并将便笺纸打乱顺序贴在白板上或黑板上。

（3）请小组成员浏览其他成员所写的"人生梦想"，并共同进行归类。

2. 主题活动：扬起人生意义的风帆

所需材料：大张白纸多张，水彩笔若干，便笺纸

团体活动步骤（时间：35 分钟）：

（1）将团体组员分为 5—6 人一组，并为每位成员派发一张便笺纸。

（2）请每位成员根据在前八次的团体活动中学习与体会到的"意义"，制订自己追寻意义的行动计划。如"每周给爸妈至少打一次电话"。

（3）每组分发一张白纸，请成员共同画出一个风帆。

（4）将"意义"的行动计划贴在各自组的风帆上，并与其他成员分享。

3. 团体活动视频总结：团体中的快乐时光

团体活动步骤（时间：40分钟）：

（1）团体组员围成一个大圈，用PPT播放事先准备好的团体八次活动照片与视频的剪辑。

（2）请每位组员写下对团体的祝福，并与其他成员分享。

后　记

"我们都是追求意义的生物",为意义而活。不管是谁,不管生活在什么时代,不管身居何位,不管过着怎样的生活,你我都会用不同的方式追问:"人生的意义是什么?我的人生意义又是什么?"对此问题的回答,既有茶余饭后的凡人凡语,亦有字里行间的智者智言。在心理学界,"意义"已是当代积极心理学一个重要的研究课题。于我而言,与"积极心理学"、"生命意义"结下不解之缘,源于我生命中两位最为尊重与敬佩的导师。第一位是我在清华大学攻读博士学位期间的导师樊富珉教授。从大学生自杀预防到生命教育,从团体辅导到临床社会工作,从台湾到美国,行走在学术的道路上,怀揣着樊老师的关爱与鼓励,我觉得格外温暖与坚定。另一位是我在美国加州大学伯克利分校心理系求学期间的导师彭凯平教授。本课题研究的开展正值加州大学伯克利分校心理系文化与认知实验室主任彭凯平教授开始在中国开拓本土积极心理学。有幸在美国加州大学伯克利分校心理系学习期间完成研究的主体部分,承蒙彭凯平教授的悉心指导,心存感激。跟随彭老师学做人、学做学问,这将是我享用不尽的人生财富。

学术之路是艰辛的,诸位老师的谆谆教诲和默默支持鼓励着我不断前行。由衷地感谢清华大学教育研究院史静寰教授、王孙禺教授、袁本涛教授、李越研究员、心理系李虹教授、蔡曙山教授、北京大学光华管理学院彭泗清教授、北京师范大学心理学院寇彧教授等老师对本课题研究提出的极富价值的学术指导。此外,香港大学行为健康研究中心陈丽云教授、香港浸会大学社会工作系吴日岚教授与苏细青博士、台湾"国立"成功大学教育研究所程炳林教授、台湾"国立"台北教育大学心理与咨商系赖念华教授、台湾"国立"政治大学心理系钟思嘉教授、中国人民大学社会与人口学院张会平副教授,在我学术成长的道路上给予了无私的帮助,在此深表感谢!

在这里要特别感谢美国加州大学伯克利分校心理系的 Saiwing Yeung 博士、吕晓薇博士、美国加州大学校长办公室常桐善博士、北京师范大学心理学院陈英和教授、美国丹佛大学国际关系学院赵穗生教授、社会工作学院 Hasche 副教授、丹佛圣约翰教堂资深牧师 Eckelkamp 博士,在美国访学期间,为本课题研究的开展给予的帮助。

"人生得一知己足矣",我却幸运地拥有两位知心交心的闺密——于蕾博士和李晓斐女士,谢谢你们成就了我人生路上的柳暗花明。感谢鲁小华博士、彭庆文博士、郭红卫博士、巫濛博士、李佩泽先生等为课题收集了大量的研究数据,还有曾给我鼓励与支持的同事们、朋友们,在这里未能一一列出你们的名字,但我早已铭记在心。

本书的出版还得到了上海大学社会学院"社会学国家重点学科"以及国家留学基金委的资助,在此一并致谢。

将此书献给我至亲至爱的父母、家人,是你们见证着我的成长,是你们让我倍感浓浓的亲情,更是你们给了我不竭的动力和战胜困难的勇气。最后,特别感谢先生黄海涛博士对我的理解与支持,与我携手此生,不管是快乐还是忧愁。

程明明

2015 年 12 月于上海